照顧好自己就好

61個解放心靈的技巧

內藤誼人

楓葉社

前言

「要是被人討厭該怎麼辦……」

「如果不小心說錯話，被人取笑怎麼辦……」

「我總是非常在意他人的目光……」

應該有不少人都會像這樣，為了如何與他人相處而苦惱，甚至因此焦躁不安吧。

對他人表現出一定的「關心」確實很重要，但也需要適度地把握分寸，倘若過度在意他人的想法，最終只會讓自己的內心痛苦不堪。

即便人人都說：「在人際關係中，懂得察言觀色很重要。」但其實只要適度就好，更重要的是「不要成為一個濫好人」。

性格溫和、善良且親切，通常會被認為是值得讚賞的優點。然而，過度在意他人，亦有可能會損害自己的健康。

其實稍微以自我為中心一些也無妨，甚至可以把自己放在最重要的位置，將他人擺到第二順位。

這並不代表你需要對他人表現出冷漠或疏離，而是要學會在重視自己的感受的同時，適度地關心他人，找到其中的平衡點。

本書正是為那些在人際關係中「過於努力」的人撰寫的。

為了幫助各位減輕壓力，本書統整了61個如何適時放鬆的祕訣，而且這些方法都很容易實踐，相信你在看完之後肯定會覺得心情舒暢許多，心想：「什麼嘛，原來我根本不用那麼在意啊！」、「試著再放輕鬆一點吧！」

那麼，就讓我們一起閱讀到最後吧。

（目錄）

第2章 成為不再過度在意周遭的人

第3章 輕鬆地改變行動

第4章
減輕內心的重擔

第5章

放下瑣碎的煩惱

第6章
讓生活過得更加愉快

第 1 章

重新以柔和的方式
看待現實

假設其實沒有人在意我的事

我們經常會覺得自己在人群中格外突出，彷彿這個世界只有自己站在聚光燈底下。

在心理學上，這種心理現象稱之為「聚光燈效應」。

然而，實際上周遭的人都忙著關心自己，根本不會特別注意到其他人。也就是說，你周遭的人大多對你毫無興趣。

因此，你完全沒必要在意旁人會怎麼看待自己，平白讓生活充滿壓力。

你是不是覺得不可能有這種事？

其實，這一點早已在心理學實驗中得到證實。

聚光燈效應

康乃爾大學的湯瑪斯．吉洛維奇曾經讓大學生穿上一件印有「巴瑞．

曼尼洛」這位不知名音樂人的照片的尷尬T恤，並要求他們在校園內走一圈，等他們回到實驗室時，他問道：

「你們覺得路過的行人裡，有多少人注意到你們穿著這件T恤？」

而受試者們則猜測：「應該有47％的人注意到我。」

不過其實，當時有另一位實驗協助者悄悄跟隨在受試者身後，並在每次遇到路過的人時詢問：「你有注意到剛才經過的那個人的T恤嗎？」結果發現，注意到這件奇怪T恤的人僅為24％。

由此可知，我們往往會過度關注自己，明明沒被太多人注意到，卻總是覺得「一定有人在看著我！」。

*

即便沒有發生過這種極度尷尬的情況，我們也會不自覺地擔心他人會如何看待自己，然而實際上，我們周遭的人並沒有那麼在意別人。因此，從心理學的角度來說，我可以保證你完全不需要擔心這種多餘的事情。

只要你能明白：「原來如此，我會過度在意他人的目光，是因為聚光燈效應啊」或許就能減輕一些心理負擔。

覺得「很奇怪」、「真狼狽」的人或許只有我

你擅長在眾人面前講話嗎？還是不太擅長呢？

有些人在站到眾人面前時，會臉紅、聲音顫抖，甚至連手指也在發抖，這些人通常非常厭惡別人在會議中要求自己發表意見，或者是在公開場合進行演講等等。

「我不想讓別人看到自己狼狽的模樣。」

「我討厭讓別人看到自己丟臉的一面。」

每當必須在眾人面前發表時，他們都會這麼想。

或許各位讀者也曾經有過這種想法。

但是，這種擔憂其實完全是杞人憂天。

會覺得自己狼狽、很奇怪的往往只有你而已，其他人根本不會這麼認為，因此你無須擔心這種事。

而這究竟是怎麼一回事呢？

人總是會對自己「過於嚴格」

加拿大英屬哥倫比亞大學的琳恩．阿爾登曾經邀請一些擅長表達意見的人和不擅長的人參與實驗，並錄下他們發表意見的過程。

接著，她將這些影像拿給另一組學生評比，而受試者也需要對自己的表現進行自我評價。

結果發現，不擅長發表意見的人往往會將自己數落得一文不值，例如：「我的手在抖，聲音也在抖，看起來非常丟人。」

但觀看影像的另一組學生卻給出了截然不同的評價。

他們反而認為：「這個人有確實將自己的主張表達出來，說話也非常流暢，看起來完全不緊張。」

透過這項實驗，可以證實一件事：認為自己表現糟糕、奇怪的，往往只有當事人自己，旁人並沒有這樣的想法。

*

包括我們在聽自己的錄音時，大部分的人聽到自己的聲音也會覺得很尷尬，甚至會驚呼：「咦？我的聲音居然是這樣嗎？」

但事實上，其他人根本不覺得你的聲音有什麼特別，只會認為那就是正常的聲音。

由此可知，我們總是太過嚴格地看待自己。

相信這個世上一定有許多人認為自己不擅長在人前說話，但實際上真正表現不好的人只占少數，大多數人只是習慣性地自我懷疑而已。

因此，只要你沒有表現得非常糟糕，旁人並不會像你想像中那樣批評你，請儘管放心。

沒有人能知道你在想什麼

人的內心本來就是無法用肉眼看見的。因此，無論你多麼不安或動搖，對方都不會知道這件事。

換句話說，不論你多麼不安，其實都無需太過擔心。

我們經常會擔心，自己的內心是否已經被對方看穿了。

這種想法被稱之為「透明度錯覺」(Illusion of Transparency)，意思是我們會錯誤地以為自己的內心就像玻璃一樣透明，所有的情感與想法都被對方掌握得一清二楚。

然而實際上，根本不可能有這種事。

對方完全沒有看穿你的內心，因此完全不必因此感到擔憂。

透明度錯覺

美國麻薩諸塞州威廉斯學院的肯尼斯・薩維斯基透過實驗證實了，只要向人們解釋「透明度錯覺」這個心理現象，即可緩解對方內心的不安感。

在實驗的過程中，薩維斯基發現只要在人們進行演講時向演講者解釋：「無論你多麼緊張，聽眾絕對都不會發現，唯有你才知道自己有多麼緊張。你之所以會以為對方看穿了你的緊張，是因為一種名為透明度錯覺的心理效應。」他們就不會再為演講感到不安。

而我作為一名大學教師，其實一直認為自己非常不擅長講課。這種想法困擾了我十多年，直到我知曉透明度錯覺的存在，才終於卸下了心中的重擔。

因為我開始學著相信，無論我講課時有多麼緊張或不安，台下的學生都無法察覺到這一點。

＊

或許有人會覺得：「我的想法是不是很容易表現在臉上？」而對此非常在意。

但我認為，這種擔心也是完全沒有必要的。

畢竟想讀懂他人內心是一件非常困難的事情，自然也不可能如此輕易被他人看穿。

在說謊的時候亦是如此。

有些人可能會覺得：「他是不是已經發現我在說謊了？」但實際上要識破謊言其實相當困難，普通情況下根本不會那麼容易被發現。

根據心理學研究顯示，正確識別謊言的機率大約只有50％（這代表能否猜中對方是否在撒謊，跟隨便選擇偶然猜中的機率是一樣的！）

由此可知，識破謊言是一件多麼困難的事情，因此你的謊言被對方發現的可能性其實微乎其微。

無論你的真心話是什麼，其實外人都難以明白

為了工作，我們有時候不得不說一些必要的謊，例如：做業務或銷售的人，可能會對客戶隱瞞一些難以啟齒的事情。

無論從事哪種工作，應該多少都會遇到某些難以向上司報告，或者無法老實交代的事情。

這時，我們往往會擔心：「我的謊言或真心話是不是被對方看穿了？」但實際上你大可不必擔憂這些事，只要冷靜地面對即可。

內疚心理與意外的現實

加拿大曼尼托巴大學的賈基．法烏菈曾經讓參加實驗的人兩兩配對，進行模擬談判。

不過，在進行談判前，她會隨機從某五個目標中分配一個給受試者，而那五個目標分別是：

①絕不妥協自己的想法

②滿足對方的需求

③雙方讓步的次數相同

④尋找最佳解決方案

⑤專注於讓對方喜歡自己

等談判結束後，她詢問受試者：「你認為對方的目標是這五個中的哪一個？」結果只有26％的人猜中，考慮到隨便猜也有20％的正確率，可以發現這個結果基本上和隨便猜差不多。

不過這個實驗有趣的部分還在後頭，當法烏茲進一步詢問受試者：「你認為對方有幾成的機率已經看穿你的目標？」的時候，居然有高達 60％的受試者都表示：「我的目標應該很明顯。」

由此可知，我們雖然經常會覺得自己的意圖已經被對方看穿，但實際上根本沒有這回事。

*

包括在談合約時，即便你暗自下定決心「我今天一定要談成這筆合約！」也完全不必擔心客戶會發現你的小心思。

因為他們不知道你在想什麼。

同樣地，當你想邀請某位女性共進晚餐時，可能會擔心：「對方會不會看出我的企圖了？」而因此猶豫不決，但這種擔憂其實也是多餘的。

不妨別想這麼多，輕鬆地提出邀約，或許對方會意外地爽快答應你也說不定喔！

學著控管表情，即便只是假笑也沒什麼不好

在人際關係中，笑容非常重要。

其餘瑣碎的事情反而可以先放到一旁，只要保持笑容，你的人際關係通常都會非常順遂。

「就算你這麼說，但我就是不擅長笑啊。」

「我真的沒辦法陪笑……」

有些人可能會這麼覺得。

但是，我要明確地告訴各位。

笑容的關鍵在於「展示」，而不是笑得甜不甜美。

即使笑容不夠完美，有露出笑容始終比沒有笑容更能在對方心中留下好印象。

無論是刻意的笑容，抑或禮貌性的微笑都沒關係。

哪怕是裝出來的笑容，也比面無表情或面露不滿來得好，因此，就算你覺得自己不擅長微笑也不必太過介懷，大方地展示你的笑容吧。

請放下心理包袱，告訴自己：「即便笑容有些僵硬，也遠遠勝過於不笑」努力試著笑出來吧。

保持笑容比什麼都來得重要

英國亞伯丁大學的林登・邁爾斯曾在課堂上準備了三男三女的模特兒照片，他們分別展示著①自然的笑容、②刻意的笑容、③面無表情，這三種不同的表情。接著，他讓40位大學生評估對這些照片的好感度。

結果不出意料地，最受歡迎的是①號帶有自然笑容的照片，但刻意的笑容得到的評價也不差，甚至比面無表情得到的好評高出了10倍之多。

由此可知，即便是裝出來的笑容也沒關係，經常展露笑容才能讓你的人際關係更加順利。

*

即便看到這裡，應該也還是有人會覺得：「就算你這麼說，但我真的很不擅長露出笑容……」

然而，這世上沒有任何人從一開始就能展現出迷人的笑容，大家都是透過不斷練習，才逐漸熟練起來的。

無論你現在笑得多麼生硬，只要在每天與人見面時努力練習，總有一天會進步的。試著讓自己在有人跟你搭話或對上眼時，可以像自動切換開關般展露笑容吧。

只要將這件事銘記在心，你便不必再為人際關係而苦惱。

緊張到臉紅 反而會提升好感度

有些人在見到別人時，會因為自己容易臉紅而感到羞恥，然而，這種想法其實是錯誤的。請試著換個角度看待這件事，告訴自己：「正因如此，我才更討人喜歡」。

臉紅或害羞非但不會帶來負面的評價，事實上，它反而更常被視為一種受歡迎的特質。這可不是隨便說說的，加州大學柏克萊分校的達切爾・凱特納就指出了這一點。

你可能會想：「為什麼害羞的人反而更受歡迎呢？」

根據凱特納的說法，原因在於這樣能緩解對方的緊張情緒。

臉紅能緩和對方的警戒心

我們在與陌生人見面時，應該都會不自覺地提高警戒吧？

因為我們無法判斷這個人是否會對自己造成傷害，也會擔心他是不是危險人物。

然而，當對方臉紅或害羞，甚至有些局促不安時，我們就會心想：「啊啊，這個人應該不會對我造成威脅吧」進而解除戒備，瞬間放下心來。

正因為害羞的人能避免對方產生不必要的緊張，更能輕鬆自在地相處，所以往往會受到眾人的愛戴。

若要比喻的話，內向或害羞的人就像一隻受驚的小動物，大家可能會覺得這類型的人有點可愛，但絕對不會討厭他們，這是千真萬確的事。所以，內向其實是一件好事喔。

怎麼樣？只要從這個角度去思考，是不是就會開始覺得容易臉紅也是一件很棒的事情呢？

*

「好想改掉經常臉紅的毛病。」

「好想更加自信，讓自己能表現得大方一點。」

愈內向的人，愈容易會有這種想法，但這其實是一種錯誤的觀念，倘若你真的變成一個非常自信的人，或許不見得會像現在這般受歡迎。

換句話說，這樣等於是在丟掉自己身上的優點。

我們往往會渴望自己沒有的東西，即便自己早已擁有非常出色的地方，也會忍不住覺得「別人的草地看起來好像更綠」。

因此，請不要總是盯著那些「沒有」的東西，而是試著將目光轉向自己「擁有」的特質吧。

對於臉紅這件事，你真的毋須感到介意，這是一個充滿魅力的特質，其實你可以更加有自信一點。

無法提出自我主張
反而更幸福

有些人總是無法順利將自己的想法傳達給對方，這是因為他們太過在意對方的感受，才無法說出那些可能會讓對方不愉快的話。

「如果我指出這件事，對方會不會因此受傷呢？」正是這種顧慮，讓他們難以提出自我主張。

不過，能提出自我主張真的是一件好事嗎？

我並不這麼認為。

雖然有些人會說：「無法表達個人想法的人是不行的！」，但天生謙遜內斂的人本來就很難做到這種強勢的事情。所以，即便無法提出自我主張，我認為也沒什麼大不了的。

過去，許多企業都會舉辦像是「自我主張訓練」或「積極溝通訓練」這樣的員工培訓課程，但近年來似乎大幅減少許多。

我想這是因為業主們逐漸意識到，這種訓練會讓員工變得過於自我中心，最終導致上司和前輩無法妥善地指派新人執行工作。

而且日本人本來就偏好「委婉的表達方式」，這樣的文化差異也讓日本人難以接受歐美那種強勢的自我主張。

能提出自我主張的人未必更受歡迎

事實上，即便在歐美，自我主張過於強勢的人也經常讓人敬而遠之。

美國俄亥俄州肯特州立大學的哈羅德．施羅德就曾設計了兩個由男性提出自我主張和女性提出自我主張的劇本（只是將主角更換性別，其餘內容皆相同），然後請40位男性和40位女性受試者閱讀並進行評論。

原本施羅德預測，提出自我主張的男性會因為表現出男子氣概而受到好評；自我主張過於強烈的女性則會因為與傳統女性的形象不符而受到負評。然而，結果卻與他預料中不同，「提出自我主張的男性」同樣得到了負面的評價。

也就是說，不論男性還是女性，自我主張過於強勢都會讓人反感。

*

或許有些人會覺得：「能把想說的話全部說出來的人，感覺特別帥氣。」甚至羨慕那些擅長表達自我想法的人。

但是，這其實只是一種錯覺，實際上這並不是什麼值得羨慕的事情，反而可能會讓周遭他人對自己的評價變差喔。

無法提出創新的意見，或許更受歡迎

在許多商業書籍或商業雜誌中，「有創造力的人」往往會被過度推崇。雖然那些試圖做出與眾不同、新穎事物的人經常被捧上天，但各位讀者其實不必完全模仿書中或雜誌裡描述的那些行為，倘若毫不猶豫地照單全收，認為自己也必須成為一個有創造力的人，那就大錯特錯了。

因為在現實中，所謂有創造力的人，往往會被社會或組織打上「異端者」或「特立獨行」的標籤，甚至讓人避之不及。

無論是發明家還是藝術家，在任何領域中嘗試創新的人士，幾乎都會受到保守派的阻撓。如果你有勇氣克服那些反對的聲浪，堅持推進自己想做的事情，那自然沒問題，但對於普通人來說，這樣的行為實在難以效仿。

即便在會議中也是如此，有時社長或高層可能會要求：「提出一些有創意的點子！」這種時候其實不需要真的提出什麼創新的想法，實際上他們內心可能並不想接受太過天馬行空的意見。

企業真正需要的是「安全無虞的點子」

賓夕法尼亞大學的珍妮佛．繆勒就透過實驗驗證了這一點。

她找來幾個人組成一組，並讓他們以「該如何提高航空公司的利潤？」為主題進行討論。

此外，有一部分的受試者被要求「儘量提出創新的點子」，另一部分則被要求「提出不太奇特的點子」。

於是，被要求提出創意點子的受試者提出了例如：「讓乘客之間可以賭博怎麼樣？」這種大膽的建議；而被要求提出普通點子的受試者，則提出了像是：「讓飛機餐變成付費服務」之類的的安全牌。

討論結束後，繆勒要求他們針對小組成員進行評價，結果她發現愈積極提出創意點子的人，愈容易受到負面的評價，因為他們可能會被認為是「不正經的人」。

有時候這些提出創意點子的人，甚至還會被評斷為嚴重欠缺領導能力。

*

「我總是只能想到普通的想法。」

「我提出的意見都很平平無奇。」

有些人可能會很在意這些事，但能想出普通的點子其實就足夠了。

你完全沒必要成為所謂有創造力的人，更沒必要刻意讓自己變成一個討人厭的人。

即便只是表面關係，也能帶來滿足感

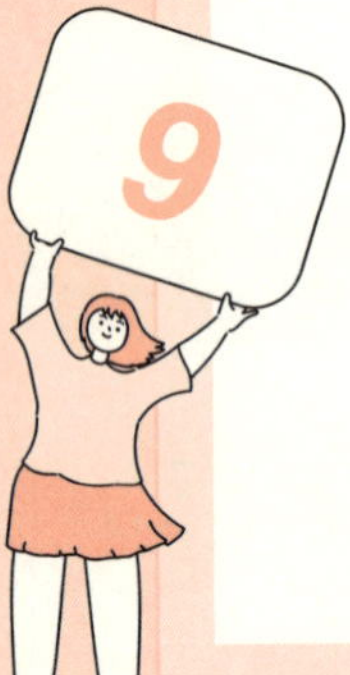

「表面的人際關係是不夠的。」

「人際關係最看重的就是深度和濃度。」

如果各位讀者有這種想法，我要告訴你這是個天大的誤解。所謂的人際關係，其實只要表面交流就足夠了。

當然，我並不是說深厚的人際關係毫無意義，倘若能與他人建立極為親密的連繫，那自然再好不過。

但事實上，我們同事或鄰居並不一定能發展出如此密切的關係。

考慮到人際互動所需的精力和成本，我們難免只能與某些人停留在表面交流。

因此，就算你與他人大多只是表面上的互動也不必太過在意，反而應該將其視為理所當然的事情。

表面關係也能提升幸福感

有些人會懷疑表面關係是否無法帶來滿足感，實際上並非如此。

加拿大英屬哥倫比亞大學的吉莉安・桑德斯特羅姆曾要求超過200位大學生記錄他們在課堂前後與同學交談的次數，即使只是簡短的問候也可以計算在內，同時還要記錄自己的幸福程度。

結果顯示，即便只是在課堂前後與同學聊上幾句，當天的幸福感都會明顯提升。

由此可知，就算你與他人之間的情誼沒有深厚到足以發展成親密關係，表面上的互動亦能讓我們的幸福感大幅提升。

所以，即便沒有親密的友人，你也不必感到沮喪，因為表面關係亦能讓我們感受到某種程度的幸福。

只要認知到「人際關係只需維持表面即可」，相信你的心情會變得輕鬆許多。

*

如此一來，今後遇到認識的人時也只需要簡單地說聲「你好～」就好，甚至說完這句話就擦身而過也無妨。

不需要長時間交談，也不必為對方提供建議或傾聽對方的煩惱，有興致的時候可以偶爾閒話家常一下，但如果不想聊也完全沒有問題。

當你開始覺得：「什麼嘛，原來只要這樣就可以了嗎！」人際關係便不會再為你帶來苦惱了。

即便沒有朋友
也能充實度過每一天的祕訣

各位讀者們，你們可能把人際關係想得太過複雜了，所以才會導致你們在與他人相處時總是過度小心翼翼，最終使自己疲憊不堪。

許多人經常會擔心自己是否能交到一百位朋友，這是因為他們認為能交到眾多朋友的人是比較幸福的。而沒有朋友的人則注定會是孤單的，只能過著悲慘的人生。

當然，這種觀念是錯誤的。

正如我先前所說，即便沒有深交、只是維持表面上的人際關係也沒關係。倘若你正因為沒有朋友而困擾，我要告訴你，其實不必勉強自己去結交朋友。

就算不當朋友也沒關係，試著向身邊的陌生人搭話吧。

只要這樣做，你就能像與朋友交流般，感受到同等程度的喜悅、興奮以及幸福。接著，讓我來為大家說明這是怎麼一回事。

幸福感與朋友的數量無關？

芝加哥大學的尼可拉斯．艾普利曾在伊利諾州的霍姆伍德火車站邀請97位通勤者參與一項實驗。

艾普利請這些通勤者在旅途中主動與陌生人攀談，並試著像與鄰居聊天一樣努力展開對話（突然被搭話的那些人，應該也會感到相當驚訝吧）。

當他們到達目的地車站後，研究人員進行了調查，發現受試者與陌生人交談的平均時間為14．2分，而且多數人表示這段對話非常愉快，甚至告訴研究人員：「我覺得很幸福，心情也變得很好。」

由此可知，即便只是與陌生人稍微聊上幾句，我們也意外地能從對話中感受到快樂。基於這個研究結果，我才會建議各位不必太過在意是否有交到朋友。

例如，當你看到有人在遛狗時，可以主動對飼主說：「好可愛的小狗喔，牠叫什麼名字呢？」等到飼主告訴你名字後，你只需要揮揮手說：「再見囉，〇〇。」接著繼續前進，便能讓自己感到非常幸福，就算不深入交流也完全沒關係。

抑或在超市或百貨公司購物時，你可以對收銀員說一句：「這裡的熟食真的很好吃呢。」雖然有些人可能會對突如其來的攀談感到驚訝，但大多數人都會露出笑容，並親切地向你道謝。

即便沒有朋友，只要能時不能與陌生人交談就足夠了。別勉強自己去交朋友，試著以輕鬆的態度與他人交流吧，這樣你肯定也能體會到與平時截然不同的感受。

受歡迎的人其實很辛苦

受歡迎當然是一件很棒的事情，但你知道受歡迎的人也有屬於他們的煩惱和問題嗎？

大多數人可能會覺得：「真羨慕他能和這麼多人交流。」但與太多人保持來往，往往會讓人在精神上感到過度疲憊。

所以受歡迎的人，其實也有受歡迎的辛苦之處。

受歡迎是一種重任

佛羅里達大學的珍妮佛．豪威爾曾對分別來自65所大學的暑期學校計畫學生進行了一項調查。

他利用各項課程，從旁調查學生們在與陌生人互動的過程中，是如何形成人際網路的，最後得出處於網絡中心的學生、也就是所謂的受歡迎的人，在主觀上確實感到更幸福。直到這裡為止，結果並不讓人意外。

然而，當豪威爾進一步調查後發現，這些受歡迎的人往往較容易感冒，在精神上也更容易感到疲憊，甚至連飲酒量都會增加。

由此可知，受歡迎並非全然是一件好事。

仔細想想，藝人和名人似乎也是如此。

能受到粉絲和周圍工作人員的寵愛，乍看之下好像是一件非常令人羨慕的事，但長期處於這種狀況下，反而會讓人感到相當厭煩。

畢竟要不間斷的在每個人面前展現出好的一面，其實是一項極為繁重的工作。

*

所以各位讀者，我希望你們能瞭解受歡迎的人可能會因為太過受到愛戴，導致身心方面的健康都受到影響。

有了這些認知後，你就能冷靜地判斷：「或許我也沒必要那麼嚮往成為一位受歡迎的人」。

此外，一旦成為受歡迎的人，通常會讓你開始害怕周遭的人離開自己；為了維持自身的人氣，當別人請求幫忙時，可能也會因為無法拒絕，而勉強自己接受他們的要求。

倘若你有幸成為一位受歡迎的人，那樣或許也不錯，但並不需要刻意勉強自己成為受歡迎的人。

當然，你也不必羨慕受歡迎的人或對他們心生嫉妒。

不去在意他人的評價，每天按照自己的步調穩步前進才能帶來最佳的生活品質。

專欄 1

這世上還是有很多需要在意的事情

本書的目的是幫助讀者培養不在意的習慣，但如果問：「經常覺得自己對事事都太過在意是一件壞事嗎？」其實不盡然。

對事事都太在意的人換個角度來看，也可以說是細心、謹慎的人，甚至相當懂得防範未然。

舉個例子來說，假如在公司聚會上有位高層說：「今天大家不用這麼客氣！」這時，我們真的可以毫不客氣地暢飲嗎？

「不不不，等一下。雖然可能是我太在意了，但應該還是要有所節制，不要喝過頭比較好吧……」會這麼想的人，其實才能避免犯下大錯。雖然是高層叫大家不用客氣，但如果一時口無遮攔、不小心玩得太過火，可能會讓你在隔天後悔莫及。

包括有些公司會規定可以穿著休閒服上班，實際上「還是穿得得體一點比較好」擁有這種想法的人才是正確的。

在現實生活中，有很多時候對方雖然嘴上說不用在意，但其實還是要謹慎一點會比較好，畢竟他有可能只是基於一些表面上的理由才那樣講，而真心話與場面話實際上也經常產生矛盾。

加拿大多倫多大學的索尼卡・卡恩就曾介紹過一項有趣的研究。

聽說在美國和加拿大，人們會為了避免受到歧視選擇在履歷表上隱瞞自己的出身、民族或性別等資訊，這種做法被稱為「履歷表白紙化」。

不過，當求職者想應徵的公司宣稱自己非常重視多樣性，並且在招聘各種不同背景的人時，他們往往就不會隱瞞個資，而是會直接提交履歷。

然而透過進一步調查，卡恩發現這些公司雖然宣稱自己「非常重視多樣性」，實際上也沒有完全落實，並且仍然存在歧視行為。

由此可知，「重視多樣性」這種說法只是場面話，真正想要避免歧視的人，還是應該選擇將履歷表白紙化。

因此，即便對方說「不用太在意」，我們還是要適時留意一下。

例如不小心給別人帶來困擾時，就算對方說：「沒關係，你不用放在心上。」我們仍然可以考慮在日後送上一些賠禮，而這樣的貼心舉動也能避免將來衍生出更多麻煩。

雖然我在本書中一直告訴大家「不用太過在意他人」，但這並不代表你可以完全不顧及他人的感受，還請各位將這點銘記在心。

第 2 章

成為不再過度
在意周遭的人

首先，從「極其簡單的事情」開始

許多人認為「心理疾病」只能透過諮詢心理諮商師或心理醫師來治療，其實並非如此。

當然症狀嚴重時，還是要立即尋求專業人員的協助比較好，但我希望各位能瞭解，其實我們自己也能改善症狀。

美利堅大學的盧絲・艾德爾曼曾找來52位被診斷為社交恐懼症的大學生（男性23名、女性29名），並每週為這些學生安排「挑戰」，觀察是否能改善他們的症狀。

雖說是挑戰，但內容其實並不難。

大多是像：「這週去人多的地方走走」、「這週向5位路過的人打招呼」的程度。

六個月後，艾德爾曼再次找來這些有社交恐懼症的學生，並讓他們試著在人群面前演講。

雖然普通人在人群面前演講時也可能會感到緊張，但透過這個實驗他發現愈積極完成挑戰的人，愈能有效緩減內心的焦慮感。

這證實只要每週完成一些挑戰並持之以恆，確實可以改善自己的症狀。

一定要讓挑戰的門檻「低到不行」

不過，給自己設置挑戰時，切記要將最初的門檻設定得非常低，最好是低到無法更簡單的程度。

千萬不要從一開始就給自己定一個高標準。

讓我們給自己一些意外地輕鬆，甚至會懷疑這種程度是否有效的簡單挑戰吧。

首先，可以準備10～20個挑戰，並按照難度分級。以10個課題為例，你可以將它們按照難易度從1到10級進行排序，接著再從看起來最簡單的1級開始逐步嘗試。

例如，對於社交恐懼症患者來說，「注視別人的眼睛說話」這個門檻可能會太高，因此可以從挑戰「看著鏡子中的自己，注視自己的眼睛」開始。

*

其實減肥亦是如此，當我們試著改變自己的行為與想法時，抱持著「可以用半年或一年的時間來完成」的心態慢慢推進才是成功的祕訣。

倘若一開始便挑困難的事情挑戰，往往會挫敗連連，試著從極為簡單的小事開始慢慢地改變自己吧。

不可小看「好期待！」帶來的自我暗示效果

大多數人在緊張時，都會採取告訴自己「冷靜一點」的策略。

正因為情緒不安定，才會不斷告訴自己要冷靜一點，試圖恢復到平常的狀態。

然而，根據心理學研究顯示，這種告訴自己「冷靜一點」的策略並沒有太大的效果。

畢竟一昧地告訴自己要冷靜一點有時並無法平復情緒，甚至還會讓內心變得愈來愈緊張。

那麼，我們究竟該怎麼做才好呢？

當體內的血流加速、心跳變快、心臟怦怦跳時，請告訴自己：「好耶，我開始興奮起來了！」

這樣就能將緊張的情緒轉化為動力。

「卡拉OK」實驗

哈佛商學院的艾利森．布魯克斯曾讓113位大學生用有評分功能的卡拉OK機唱歌。雖然有些人喜歡在人前唱歌，但要在陌生人面前開唱，大多數人都會感到尷尬並緊張不已，更別說還要被評分了。

在實驗中，布魯克斯設置了三種條件：

第一組是要在唱歌前對自己說「冷靜一點」；第二組則是對自己說「感覺有點興奮起來了」；第三組作為對照組，無須對自己說任何話。

那麼，結果如何呢？請各位看看左邊的圖表。

可以發現對自己說「冷靜一點」的人反而容易變得更加緊張，導致表現不佳。

緊張時，應該告訴自己「感覺興奮起來了」

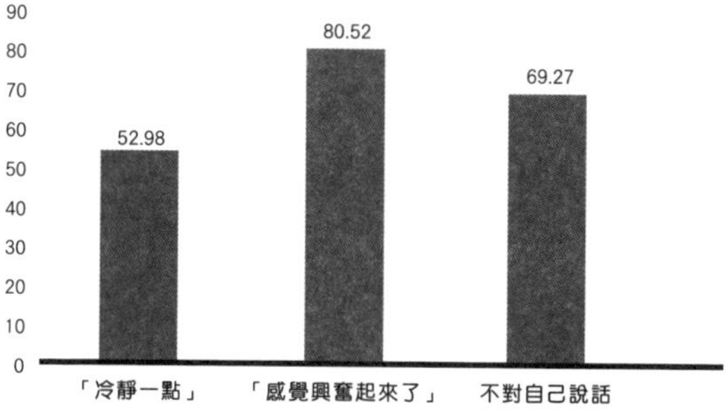

※此數值為卡拉OK機的評分結果（出處：Brooks, A. W. 2014）

而最好的方法則是將緊張轉化為動力，也就是告訴自己：「心跳加速是因為我現在很興奮。」如此一來，不僅不會影響自身的狀態，甚至能表現得更加出色。

*

因此建議各位今後面對緊張的情況時，可以試著將「冷靜一點」換成「感覺興奮起來了」，或許就不會那麼緊張了！

學著不對旁人抱有期待

其實，抱持著「這個世上並沒有那麼多好人」這種偏激的想法，反而能減少你在人際關係中受到的傷害。

畢竟沒有期待就不會落空。

即便遇到性格極差的人，我們也能告訴自己：「看吧，果然如此」輕鬆地接受這件事。

所謂的人類，只要事先預想到那些不愉快的事情，就會變得相當具有耐受性；而且先做好心理準備也比較不容易產生壓力，如此一來，就算結果不理想也早已在預料之中，因此可以輕鬆地接受這個結果。

毛毛蟲也能吃？

南伊利諾大學的喬爾·福克斯曼曾要求女性實驗受試者吃下三隻毛毛蟲

（當然是可以食用的毛毛蟲），可想而知這是一件令人非常不舒服的事情。

在實驗的過程中，他將受試者分為兩組，並提前10分鐘對其中一組的參與者說：「妳們10分鐘後必須吃下毛毛蟲」，而另一組則必須立刻食用。

不過，當受試者即將吃下毛毛蟲時，福克斯曼又告訴她們：「其實這個實驗的受試者已經夠多了，如果妳們願意的話，也可以選擇參加拿著不同重量的信封進行比較的實驗。」

從常理來看，比較信封重量的實驗無疑比吃毛毛蟲好上許多。

然而，在事先告知並讓她們做好心理準備的情況下，原有的15位受試者之中，竟然有12人選擇吃毛毛蟲。

而當他突然要求受試者吃毛毛蟲，又迅速告知可以選擇其他實驗時，卻只有2人選擇了吃毛毛蟲（即便如此也還是有2人選擇吃毛毛蟲，真的非常驚人）。

雖然這個實驗有點驚悚，但由此可知，即便我們非常排斥某些事情，只要從一開始就有所預期（做好準備），接受度便會大幅提升。

換言之，如果每天早上出門時都先告訴自己：「今天大概也會遇到一些討厭的人吧」，當我們真的遇到這種人時，或許就不會太驚訝，也不會感受到太大的壓力。

＊

反之，正因為我們總是對他人抱持著不切實際的期待，期待落空時才會受傷。唯有一開始就不抱任何期待，才能避免產生這種不愉快的感受。

試著想想「討厭的人正在逐年增加」

「為什麼他都不懂我的感受呢？」

「這個人做事怎麼總是只顧著自己呢？」

各位讀者是否也曾有過這樣的想法呢？

其實根據研究數據顯示，隨著時間推移，自私自利的人愈來愈多了。

美國聖母大學的莎拉・康拉斯曾經從一九七九年到二〇〇九年間發表的調查中挑選出包含「同理心」、「共情能力」、「站在對方立場思考」等相關問題的研究報告，並分析這些特質的時代變化。

結果發現美國人的同理心和共情能力等特質隨著時間的推移，有顯著下降的趨勢。

也就是說，現在的美國人比三十年前、四十年前的人更以自我為中心。

雖然這項研究是在美國進行的，但我們可以發現日本也有類似的趨勢。

應該認為「這世上都是壞人」嗎？

過去的日本人，總是將顧及他人的感受並試著理解對方的立場視為理所當然的事情。

然而，看看現在的日本，那些只關心自己，完全不考慮他人感受的人似乎正在急速增加中。

先前我亦有提到：「與其對他人抱有期待，不如認為這世界上盡是討厭的人。」實際上，自私且肆意妄為的人確實與日俱增，因此我更建議各位抱持著「這世上都是壞人」的心態。

如此一來，即便真的遇到壞人也不會受到任何影響。

*

順帶一提，我個人也不會對他人抱有期待。

因為根據過往的經驗，我發現一旦對人抱有美好的期待，結果卻不如所願時，反而會讓自己心情變得非常糟。

例如，很多人會說：「我會在明天之內用郵件聯繫您」，隔天卻遲遲沒有消息，又或者明明已經確實約定好了，卻有不少人會單方面毀約。

由此可知現代社會充滿了自私任性的人，所以我們更應該記住，不要對他人抱有任何期待。

不要輕易懷抱遠大的夢想

「少年啊，胸懷大志吧！」這句話是克拉克博士的名言，但其實懷抱過於宏大的夢想未必是件好事。

因為實現遠大的夢想是一件極其困難的事情，大多數的人通常無法順利達成，最終只會陷入強烈的絕望與失落之中。

然而，只要從一開始就不懷抱過大的夢想，至少不會經歷這種痛苦。

日本的財團曾針對日本、印度、韓國、越南、中國、美國、德國等9個國家的年輕人進行一項「18歲意識調查」，結果日本有40％的年輕人表示自己沒有夢想（順帶一提，其他國家的年輕人則有80％以上懷抱著夢想）。

這項調查刊登在《Forbes Japan》二〇二〇年一月十三日的報導中，當我看到這篇報導時，我並沒有覺得「日本的年輕人都沒有夢想，太糟糕了」，反而認為日本的年輕人很聰明。

理由很簡單，因為不懷抱過大的夢想，才能保持內心的平穩。

在我看來，「年輕人應該懷抱遠大的理想與夢想」這種想法是錯誤的。當然，如果你是自己想懷抱一個遠大的夢想，那也沒有問題，但我們不該將夢想視為一種義務並強加於人。

即便找不到想做的事情也沒關係

伊利諾大學的卡羅爾．尼克森曾撰寫過一篇關於「美國夢的黑暗面」的論文。根據他的研究顯示，那些在大學入學時懷抱著「我將來一定要成為大人物！」這種想法的新生，在二十年後進行追蹤調查時，對人生的滿意度反而偏低。

由此可知，我們真的不需要刻意去懷抱一個遠大的夢想。

＊

如果各位讀者還是年輕人，突然告訴父母：「我對未來並沒有什麼遠大的夢想」可能會讓他們感到擔憂，這時大人們都會勸你要心懷夢想。

然而，這其實完全是多管閒事，因為不懷抱宏大的夢想才是正確的。

有些人可能會為了「找不到自己想做的事情」或「沒有夢想」而煩惱，但這些事情根本不值得你擔心。

即便不強迫自己去尋找夢想，未來也可能會自然而然地發現自己真正想做的事情，就算最後仍然沒有找到也沒關係，能像這樣用更靈活的心態去看待這件事，才是最重要的。

沒必要逼自己接受那些討厭的人

有時候我們跟某些人就是怎樣都合不來，彼此的契合度也很差。

這種事情是無法勉強的。

作為人類，在一生當中難免會遇到自己討厭的人。

然而，善良的人往往無法原諒這樣的自己，儘管這是無法改變的本質。

所以他們會努力試著去喜歡對方，最終發現無論怎麼做都無法消除內心的厭惡感，反而讓自己更加煩悶。

與其這樣，不如乾脆放棄去喜歡那些自己討厭的人吧。

反正你再怎麼努力也不可能真的喜歡上他們。

「社會過敏原」是無法改變的

「社會過敏原」這個詞彙是由美國肯塔基州路易維爾大學的邁克爾・坎

寧安所創造出來的，其中「社會」意指「人際關係」，而「過敏原」則是「引發過敏反應的事物」。換句話說，「社會過敏原」指的就是「人際關係中的過敏反應」。

根據坎寧安的研究顯示，我們對某些特定的人可能會產生類似於對小麥或花粉的過敏反應，例如：

「不喜歡別人大聲咀嚼食物的聲音。」

「無論如何都無法接受他人的體臭。」

「討厭會抖腳的人。」

我們可能會像這樣因為某個人的行為、舉止，甚至是表情或習慣而產生厭惡感。一開始或許還能勉強忍受，但當這些行為不斷重複發生時，我們就會對其產生過敏反應。

而且，一旦形成這種過敏反應，就很難再改變了。

*

你也不會對一個小麥過敏的人說「小麥這麼營養，你一定要吃」吧？畢竟對小麥過敏的人即便想要喜歡它，也明白自己的身體無法承受。

社會過敏原也是如此。

有時候光是討厭的人待在附近，就可能讓人過度換氣導致呼吸困難，甚至無法說話，有時還會全身顫抖。

如果你已經到了這種程度，不妨把它當作一種命運，盡可能遠離那個人才是上策。

與其掩飾自己的困境，不如坦率地表現出來

人類都有點愛面子，很多時候明明遇到困難，卻還要裝作毫不在意的樣子，這或許是因為我們都不好意思直接向他人求助。

但遇到困難時，表現出困擾的表情反而更有利，因為你如果一臉神態自若的模樣，基本上不會有人來幫忙。

當你真的陷入困境時，誇張地發出「啊啊啊～」或「嗚嗚嗚～」的呻吟，並直接說出：「誰來幫幫我吧」其實才是正確的做法。

與其悶在心裡什麼都不說，不如坦率地認輸表現出困擾的樣子，如此一來，馬上就會有人向你伸出援手，詢問：「怎麼了？」

激發他人「想幫助你」的情感

美國國立精神衛生研究所的艾比蓋爾・馬許曾找來8位男女擺出面無表情、悲傷、恐懼和憤怒的表情，並將這些表情拍成照片。

露出「悲傷的表情」，比較容易得到幫助

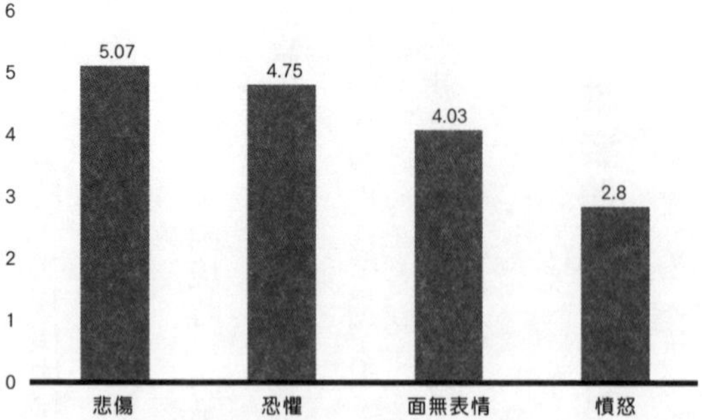

（出處：Marsh, A. A. & Ambady, N., 2007）

接著，她讓40位實驗受試者觀看這些照片，並以7分為最高分詢問他們：「你有多想幫助這個人？」最終得出的結果如上圖。

由此可知，當一個人看起來快要哭出來時，最能激發他人「想幫助他」的情感。

因此，當你真的遇到困難時，不要故作堅強，坦率地將情緒表現在臉上，讓別人一眼就能看懂你的狀況才是最正確的選擇。

*

許多人在遇到困難時不僅不會表現出來，甚至還會刻意佯裝正常，這樣自然不會有人對你伸出援手。

例如，在酒會上被討厭的上司纏住時，你可以試著露出一副「真的好傷腦筋」的表情，這樣旁人可能就會說：「〇〇，要不要換個座位？」從而幫你解圍。

總之遇到困難時，千萬別隱藏！

只要記住這個原則，就算遇到再大的難題也無須擔心。

把自己擁有的東西
慷慨地借給他人

有些人無法忍受自己的東西被別人使用。

當私人物品被動用時，他們總會心想：「那支筆明明是我的……」、「為什麼總是擅自用我的剪刀？」進而感到悶悶不樂，甚至煩躁不安。

雖然自己的東西被別人擅自使用確實會讓人不快，但與其糾結這些小事，不如試著展現出大方的一面。

也就是說，你可以主動告訴他人：「來吧，歡迎隨時使用。」並讓大家自由使用自己的物品。

只要從一開始就把「與大家分享」當成自己的原則，你就不會再為此生氣，甚至可以將它視為共用物品，告訴自己：「這是要和大家一起用的。」

這樣做反而能幫助自己保持心理上的平衡。

例如，當你打算在辦公室吃零食時，你應該也可以預料到遲早會有人來偷吃，既然如此，倒不如一開始就和大家一起分享。

主動說出「大家可以隨意吃哦~」不僅能讓周圍的人對你印象更好，自己也會感覺更輕鬆愉快。

主動分享，才能讓心情更愉快

加拿大英屬哥倫比亞大學的拉臘．阿克寧曾對23位兩歲幼童進行研究，觀察他們在獨自玩玩具，以及與他人分享玩具這兩種情境下的表情變化。

阿克寧找來兩位觀察員為孩子的快樂表情進行評分，結果顯示，與其獨自一人玩耍，與他人分享玩具時，孩子的表情明顯更開心。

*

這項研究證明，分享是一種能讓雙方都心情變好的好方法。

因此，如果你總是因為別人用你的私人物品而生氣，不妨試著改變心態，把「物品是用來分享的」當成自己的原則。

這樣不僅能讓心情變得更輕鬆，也會讓自己感覺像是在做一件好事，整體的幸福感也會提升！

雖然無法改變事實，但我們可以改變想法

已經發生的事情是無法改變的，畢竟我們沒有時光機，無法回到過去修正一切。不過，我們隨時都能改變自己對事情的看法。在心理學中，這種改變自身思考方式的方法，被稱為「再評估法」。

根據史丹佛大學的詹姆斯．格羅斯的研究，愈常運用再評估法的人，愈不容易感受到壓力，同時也會變得更加樂觀積極，在人際關係中亦較少遇到問題。

換句話說，改變想法不僅能減輕壓力，甚至可以幫助我們走出創傷。

善用「再評估法」

華盛頓大學的柯帝斯．麥克米倫曾針對154位在童年遭受虐待的女性進行訪談，試圖瞭解她們如何看待過去的經歷。

一般而言，遭受虐待無疑是一種悲慘的經歷，應該會在心靈留下難以抹去的陰影。

但透過訪問，麥克米倫發現這些女性透過再評估法，讓自己成為了堅強的大人。

在研究過程中，麥克米倫讓受訪者對自己受虐的經歷進行評價，0分代表「完全沒有益處」，1分代表「稍微有幫助」，2分代表「非常有幫助」，然而令人訝異的是，竟然有46．8％的女性覺得童年的虐待經歷對自己帶來了某種益處，其中甚至有24％的受訪者認為「非常有幫助」。

那麼，她們為什麼會覺得那段受虐的經歷對自己有所幫助呢？正是因為她們以下列方式重新評估了自己的經歷：

・正因為曾經遭受虐待，讓我在人際關係中更加謹慎。
・這段經歷讓我成為母親時，能更好地保護自己的孩子。
・這段經歷讓我更加瞭解虐待的相關知識。
・正因為曾經遭受虐待，讓我變得更加堅毅。

雖然很遺憾，但受虐的經歷是無法改變的事實，不過這些女性透過調整自己的思考方式，成功從這般悲慘的經歷中找到正向的意義。

*

相信各位讀者應該也抱持著各式各樣的煩惱。

但我希望大家不要被現實擊垮，而是要記住我們隨時可以透過改變自己的看法來改變現狀。

專欄 2

之所以覺得身體沉重，是因為內心沉重

「總覺得最近身體好沉重。」

「每天都覺得好疲憊。」

如果你有這些自覺症狀，那麼或許該回頭思考一下，你的內心是否正承受著某些煩惱。

因為根據研究顯示，當我們的內心感受到壓力時，身體也會隨之變得沉重。

實際上，我們的心靈與身體是緊密相連的。

所以當我們覺得心情沉重時，就會感覺身體也變得很沉重。

普林斯頓大學的馬丁．戴曾經找來153位大學生，並將他們分為三組。

為了試著讓他們的心情變沉重，他要求第一組的人回憶並寫下自己曾對他人

做過的壞事。

反之，第二組則要寫下自己曾經對他人做好事的經歷，藉此讓他們的心情變輕鬆。

而第三組作為對照組，則不需要寫任何內容。

接著，研究人員詢問所有受試者：「你覺得自己現在的體重與平時相比有什麼變化？」受試者需從1「感覺身體非常輕盈」到11「感覺身體非常沉重」之間選擇一個數字來回答。結果顯示，那些回憶過去的不良行為而心情沉重的受試者確實更容易覺得自己的體重（身體）也變重了。

如果你最近總是覺得身體沉重，或許是你的內心正在承受某種壓力，所以身體才會有這種感覺。

反之，如果能想些愉快、有趣或開心的事情，讓心情變輕鬆，身體也會漸漸輕盈起來，或許連樓梯都能一下子就爬上去了。

如果你時常感覺身體沉重，不妨試著問問自己：「我的內心是不是正背負著某些煩惱？」

當身體發出悲鳴時，通常內心也在向你求救，所以讓我們試著採取行動來消除那些煩惱吧。

第 3 章

輕鬆地改變行動

如果想快速激發幹勁

有時候我們就算再不願意，也必須為了他人努力。

例如，為了幫助自己討厭的人而不得不留下來加班時，或者雖然不喜歡團隊裡的組長，但為了其他成員還是得把工作完成等諸如此類的狀況。

遇到這種情況，我們總會心想：「好不想幫忙」、「完全提不起幹勁」這樣該怎麼辦呢？

這時候，我會推薦你緊握拳頭。

當你用力地握緊拳頭時，即便內心再不情願，也能讓自己理性地接受工作就是工作，並逐漸湧現出強烈的意志力，告訴自己：「雖然很無奈，但還是努力加油吧。」

其實握拳本來是準備進攻的姿勢，不過當身體做出這個動作時，心理狀態也會變得更積極，讓你有動力去應付自己排斥的事情，是一種神奇的心理效應。

用力地緊握拳頭

新加坡國立大學的亞利絲・韓曾經請求54位學生，捐款給紅十字會為海地大地震盡一份心力。主動掏錢幫助別人，對任何人來說都是一個不容易的決定，而這場實驗就是要讓受試者面對這個艱難的抉擇。

此外，他還將學生分為兩組，並在不同狀態下向他們提出捐款請求。

①讓學生緊握一支筆（等同於握緊拳頭）

②讓學生用食指和中指夾住筆（對照組）

最終緊握拳頭的組別有92・0%的人選擇捐款，而對照組只有72・4%。由此可知，握拳確實能讓人產生「雖然不太情願，但這也是沒辦法的事」這種心理狀態。

*

而這項技巧同樣適用於不想做的工作上，當你面對非常不想做的事情時，先緊握拳頭為自己打氣，再開始行動，往往能幫助你提振幹勁。

如果你即將與討厭的客戶見面，亦可以在五分鐘前緊握拳頭，這樣能讓你變得更有幹勁，或許就能意外地輕鬆解決各種難關喔。

將他人的目光轉化為動力

我們無法不去在意周遭他人的目光，不僅時常擔心別人會怎麼看待自己，有時甚至會在意到難以自己。

雖然本書的目標在於告訴大家如何讓自己盡量「不去在意」，但把對周遭的過度在意轉化為自身動力也是個不錯的方法，因此也一併介紹給大家。

透過社群網站的「功能變更」觀察人心

在美國，無論政府或相關組織多麼努力舉辦宣傳活動，器官捐贈的登記人數始終沒有顯著增加。不過這也是預料中的事，畢竟不論是誰，當有人要求他提供自己的腎臟或心臟時，勢必會心生猶豫。

然而令人意外的是，在二〇一二年五月一日單日的新登記捐贈者竟然超過了一萬人。

其實，這天Facebook調整了平台的功能，允許用戶在個人檔案中公開自己是否是器官捐贈者。

根據約翰霍普金斯大學的A・M・卡麥隆調查，光是第一天就有1萬3054人完成了器官捐贈登記。

順帶一提，在Facebook推出這項功能前，平均每天僅有約616人登記，這也顯示出在Facebook上公開「我是器官捐贈者」這件事，有著驚人的推動力（而且在後來的12天內，新登記的人數依然居高不下）。

*

至於為什麼新登記人數會突然大幅增加，或許是因為向周遭的人展示「我是器官捐贈者」這件事，會讓人覺得自己有些帥氣，同時也能向他人證明自己是個善良的人吧。

我們多少有些愛面子，只要能讓周遭的人對自己留下好印象，即便是討厭的事情也會欣然去做。

因此，當各位必須做一件不想做的事情時，倒不如主動告訴周遭的人。一旦說出「我要〇〇！」，通常就會害怕別人認為你只是說說而已，所以就算再怎麼不想去做，亦會產生動力去完成。

倘若還是有所懷疑，你也可以試著向身邊的人公開表示：「我要在兩個月內減掉五公斤」那麼，為了履行這個承諾，即使內心百般不情願，或許也會努力堅持下去喔。

別給自己猶豫的機會，立刻展開行動吧

我們都知道，人類這種生物思考得愈多就會變得愈愛算計，甚至愈來愈貪心。

因此當別人請求你幫忙或你想對他人表現出親切的態度時，請不要猶豫，先行動再說吧。

例如，有人請你幫忙搬行李時，務必馬上回覆他：「好，我來！」因為一旦開始思考，腦海中就會浮現「好麻煩啊」、「感覺會傷到腰耶」等諸如此類的想法，讓自己開始計較起得失。

當有時間思考，就會開始盤算利益得失

哈佛大學的大衛・蘭德就透過實驗證實，當人擁有更多思考時間時，確實容易變得更為自私且事事精打細算。

蘭德將受試者分成四人一組，並給予每人40美分。每個人可以自由選擇投入多少金額，而所有人投入的總金額會被加倍，然後再平均分配給四人。

例如，如果四個人都投入自己的40美分，總額將達到160美分，而這筆金額在加倍後會變成320美分，就算四個人平分，每人在實驗結束後也能獲得80美分。

話雖如此，但四個人當中總會有人比較狡猾，難免會心想，只要自己不投入任何金額，而其他三個人各自投入40美分，那麼總額也有120美分，加倍後變成240美分，四人均分後，每人亦可獲得60美分。

這時再加上原有的40美分，他就能獨享100美分。

於是，在這項實驗中，蘭德要求其中一組的受試者必須在10秒內做出決定，避免他們過度思考；而另一組則可以慢慢花時間仔細思考。

*

結果顯示，當受試者必須在10秒內做出決定時，約有65%的人願意投入40美分；但若是給予他們時間思考，卻只剩約55%的人願意投入40美分。

這說明了，一旦給我們足夠的時間思考，我們往往會開始盤算利益得失，變得更精打細算。因此，與其深思熟慮，不如直接行動來得更好。

而且當我們想得愈多，愈容易覺得自己吃虧，與其讓這種不愉快的情緒持續積累，不如立刻行動，這樣對心理健康也比較有益。

所以，當別人向你請求幫忙時，請果斷地答應對方：「好的，沒問題。」

這個舉動看似吃虧，但從長遠來看，這些善意終究會回到自己身上，所以別斤斤計較，而是要抱持著「吃虧就是占便宜」的心態去幫助他人。

比起「受歡迎」，更重要的是「不被討厭」

很多時候，即便我們過去一直努力討好他人，亦有可能會因為一點小事就突然被討厭。

例如，有些人被稱為「高好感度藝人」而受到大眾寵愛，但只要傳出外遇緋聞或在節目中不小心失言，即便是再小的失誤都可能讓觀眾的態度瞬間轉變。因為稍微失言而失去觀眾信賴，導致人氣急速下滑等事件可說是屢見不鮮。

其實，這與你過去累積了多少好感並無關聯。

當人們要討厭一個人時，往往是一瞬間的事。

「善惡的非對稱效應」

美國凱斯西儲大學的心理學家羅伊．巴邁斯特將這種現象稱為「善惡的非對稱效應」。

根據巴邁斯特的研究，負面的影響遠比正面的影響強大，無論那個人曾經做過多少好事，只要犯了一點錯，形象就可能瞬間崩壞。

因此在人際關係中，我們必須盡可能地謹慎行動。

尤其應該將心思放在努力避免被討厭，而不是如何讓自己更受喜愛。

舉例來說，讚美別人固然很重要，不過更應該注意的是不要說別人的壞話。就算你經常誇獎某個人，但如果他發現你在背後說他的壞話，你的信譽就會立刻跌落谷底，這也是為什麼與其多誇獎他人，不如提醒自己不要亂講別人的壞話。

況且，讚美別人需要一定的技巧，要讓對方聽了舒服且真心接受並不是那麼容易的事，但如果是「不說壞話」，應該每個人都能做到，因為只要不說他人的壞話就行了。

同樣地，我們不可能讓所有人都喜歡自己，但卻能透過自身努力來避免被大家討厭。

就像我們很難用髮型來博得他人的好印象，或用時尚的打扮來讓人覺得自己很有魅力，但如果只是為了不被討厭就顯得輕鬆許多，因為只要注重自身的儀容整潔便足夠了。

＊

所以，不要再煩惱該怎樣讓大家更喜歡我了。

不如轉換思維，好好想想該怎樣才能不被討厭，遵守最低限度的原則，這樣才比較不會疲憊。

善用「罪惡感」來改變行動

有些人會刻意貶低自己。

例如說：「我簡直是人渣」、「我這種人根本沒有活著的價值」等諸如此類的話。

為什麼他們要這樣折磨自己呢？

其原因在於，他們內心深處懷抱著某種罪惡感。

自虐心理的「多比效應」

荷蘭蒂爾堡大學的羅布．內利森將這種罪惡感導致的自我懲罰現象命名為「多比效應」。

「多比」指的是《哈利波特：消失的密室》中登場的角色，每當他做出違背主人意願的事時，就會用魔法懲罰自己。

而懷有罪惡感的人也會以自我折磨的方式懲罰自己，與多比的行為相似，所以內利森才會將這種現象稱為多比效應。

為了證實這件事，內利森進行了一項實驗。

他向受試者提問：「假設你因為偷懶不讀書，導致考試不及格，而且你明明向父母保證不會留級，現在卻必須留級了，這時朋友邀你一起去滑雪旅行，你會去嗎？」

結果大多數的人都回答：「不去。」

讓父母失望和跟朋友去滑雪本來應該是兩件無關的事情，但當人們因為給父母添麻煩而產生罪惡感時，便會試圖「懲罰自己」，進而選擇不去參加旅行。

這證實我們的內心一旦產生罪惡感，就會透過自我懲罰來尋求某種形式的贖罪。

*

當我們產生罪惡感時，往往會不自覺地想要懲罰自己，然而，罪惡感本身並不是那麼負面的情緒，只要妥善地將罪惡感轉化為動力，讓它成為對人類有益的力量就好。

例如，如果你對給父母添麻煩感到愧疚，那就多陪伴他們，幫他們按摩、聽他們說話。

這也是所謂的「贖罪」，我們可以透過這些方式將罪惡感轉化為行善的動力，驅使自己去做對他人有益的事情。

假設你是因為偷偷動用公司的經費吃喝而產生罪惡感，那就加倍努力工作，為公司貢獻更多業績即可。

讓我們一起利用罪惡感，讓它驅使自己變得更好吧。

適度努力，以第三、四名為目標即可

盡量避免與他人競爭是不變的鐵則。

因為與人較勁只會讓自己疲憊不堪，爭奪第一名是最不可取的，連第二名都不是個好選擇，我們的目標應該放在第三名左右就好。

例如，公司內部舉辦類似業務員業績排名競賽時，也不應該全力以赴爭奪冠軍，在這種情況下，悠閒地瞄準第三名才是避免身心疲憊的訣竅。

比起銀牌，銅牌更令人開心

在此跟大家介紹一項有趣的研究。

美國康奈爾大學的維多利亞·梅德維克曾將一九九二年巴塞隆納奧運會頒獎典禮上各個項目的獲獎選手登上頒獎台時的表情錄下來給20位大學生觀看，並請他們評分每個選手看起來有多開心。

結果可想而知，最開心的自然是金牌得主，這可以說是預料中的事，畢竟他們得到了第一名。然而，真正有趣的事情還在後頭。

照理來說，獲得第二名的銀牌得主的開心程度應該僅次於金牌得主，但透過學生們的評分，他發現第二開心的其實是銅牌選手。

這是因為銀牌得主是在決賽中「輸了」才獲得銀牌，因此心中的懊悔遠勝於開心，甚至會露出一副苦澀的表情。

相較之下，銅牌得主則是經過「勝利」才獲得第三名，因此他們會在內心慶幸：「差點就連獎牌都拿不到了！」進而能發自內心展露笑容。

*

根據梅德維克的研究，如果真的必須與他人競爭，那麼最輕鬆的策略就是避免捲入激烈的頂尖爭奪戰，選擇爭取「中間稍微偏上的位置」，這樣至少可以抱持著「幸好不是最後一名」的心態。

尤其是在職場上，千萬要小心不要成為第一名。

為了成為第一，你必須付出極大的努力，而且成為第一名後，你還要做好面對周圍他人的嫉妒，甚至會被人扯後腿或遭受各種不愉快對待的覺悟，這些情況在現實中都不罕見，因此還是不要成為第一名比較好。

最理想的目標是第三、第四或第五名左右。

畢竟如果在某些奇怪的地方過於突出，導致後來工作時受到影響，那可就得不償失了。

遠離壓力，才能順利推進工作

我討厭在壓力下工作，所以總是想盡辦法讓自己輕鬆一點。

其中一個方法就是設定寬鬆的截稿日期，舉例來說，如果我大致估算應該能在八月內寫完稿，那我會跟編輯約定十月交稿。

只要事先給自己保留充足的餘裕，就不會因為趕不上截稿日期而給別人添麻煩，也不會被催促「稿子還沒寫好嗎？」。

如此一來，便能更自在地工作。

當人感受到壓力時，表現往往會下滑，平時能輕鬆完成的事情，一旦有了壓力也可能會無法順利進行。

即使是專業選手，壓力也會嚴重影響表現

德州大學的達雷爾・沃西曾以美國職業籃球聯盟（ＮＢＡ）在二〇〇三年至二〇〇六年期間的所有比賽作為數據，分析在最後一分鐘、比分差距五

分以內的情況下，球員的罰球表現是否有所差異。

比分只差五分，而且只剩一分鐘，這種關鍵時刻無疑會帶來巨大的壓力，那麼在這種情況下，罰球的成功率是多少呢？

透過研究，沃西發現當球隊處於領先狀態時，罰球的成功率也會隨之提升，基本上成功率超過80%。這可能是因為球員會覺得：「即便沒投進，我們也不會輸」因此能輕鬆應對。

而球隊落後一分時，則最容易失敗，因為這時球員會心想：「如果我沒投進，球隊就會輸」導致罰球的成功率瞬間降到69%。由此可知，人只要感受到壓力，表現就會立刻下滑。

*

連專業選手都會敗給壓力，更何況是一般人呢。

正因如此，工作的時候最好提前保留充裕的時間，並規劃好工作進度和安排。

有時上司會給你分配超過負荷的工作量，或許你確實有能力完成，但故意讓自己失敗也不失為一個好策略。

當你總是無法達成過高的業績目標時，上司或許就會開始反思：「嗯～我還以為他應該沒問題，難道這個目標真的太難了嗎？」最終主動降低要求，如此一來，你便能更從容地專心工作了。

當然，也有些人必須在有壓力的情況下才能發揮出更好的表現，但這畢竟是少數例外，大家不妨也盡可能為自己創造一個沒有壓力的工作環境吧。

無論如何，「睡得好」才是最重要的

各位讀者們，是否有每天都睡飽呢？

恐怕大多數人都會說：「唉，其實我有點睡眠不足呢。」

根據二〇一八年OECD的調查，日本人的平均睡眠時間為7小時22分，這個時間在所有OECD成員國中排名倒數第一；而另一項調查更顯示，有40％的日本人每天睡眠時間不到6小時，因此可以說，日本人普遍處於嚴重睡眠不足的狀態。

現在拿著本書的讀者，或許是為了讓自己輕鬆一點才閱讀本書的，但想解決內心的煩惱，其實有個非常簡單的方法。

那就是好好睡一覺。

畢竟你都特地花錢購買本書了，這麼說確實有些不好意思，但事實上只要睡得好，絕大多數的心理煩惱與負面情緒都能迎刃而解，睡眠就是這麼強大的效果。

大部分的問題，睡一覺就能解決

根據紐約州立大學賓漢頓分校的雅各布・諾塔的研究顯示，那些經常憂慮、煩惱、猶豫不決的人，幾乎都有「睡眠時間不足」這個共通點。

換句話說，每天都睡飽的人，內心通常不太會有煩惱。

如果你想解決內心的煩惱，首先該做的就是確保自己能睡飽睡好，如此一來，大部分的問題都能迎刃而解。

只要能好好睡一覺，醒來後你會覺得神清氣爽，甚至驚訝地想：「我昨天為什麼要為了這種無聊的小事煩惱呢？」

＊

當我們的睡眠時間不足時，往往會在不知不覺中朝負面或消極的方向去思考。

即便是平時總是樂觀向上的人，在睡眠不足時也可能浮現出「我是不是已經無法勝任這份工作了？」或者「我是不是這輩子都會一直不幸下去？」這種悲觀的想法。

睡眠對人類來說極其重要。

我知道許多人的工作都相當繁忙，但這並不代表可以犧牲睡眠時間，與其削減睡眠，不如減少回家後看電視、玩遊戲的時間。

為了保持心靈健康，擁有充足的睡眠時間是絕對必要的。

多吃蔬菜和水果能有效解決煩惱

先前已經告訴過各位，想要擺脫心理上的煩惱，擁有充足的睡眠時間是非常重要的。

不過除此之外，其實還有另一件同樣重要的事情，那就是好好吃飯。話雖如此，但只吃自己喜歡吃的食物是不行的，應該要以蔬菜和水果為主。

因此，只要好好吃飯、好好睡覺，就能讓自己變成不易煩惱的體質。

食物與心理的有趣關聯

波蘭華沙生命科學大學的多米尼卡．格拉布斯卡仔細搜尋了探討蔬菜與水果攝取與心理問題之間關聯性的論文，並找到了61篇相關研究。

綜合分析這些研究後，他發現攝取愈多蔬菜和水果，愈不容易出現心理問題，而且常吃蔬果的人思考方式通常較為樂觀，回報煩惱的次數也會隨之下降，被診斷為憂鬱症的個案更在少數。

雖然我專攻的是心理學，而非營養學專家，因此不知道蔬菜與水果中含有哪些抗憂鬱的營養素，但從格拉布斯卡的研究結果來看，這些食物確實能發揮預防憂鬱的作用。

此外，還有人做過這種研究。

英國里茲大學的戴瑞爾．奧康納曾讓422位受試者連續11天記錄自己的飲食內容與心情，結果發現，當人們遭遇不愉快的事情時，會攝取更多高糖、高脂的零食點心，並減少蔬菜的攝取量。

*

沒有努力保持良好的飲食習慣，還想快速解決內心的問題，天底下哪有這麼好的事情。

反之，保持良好飲食習慣的人，煩惱也會意外地比較少。

我們在攝取糖分或脂肪時，往往會因為美味而立即感到愉悅，並且暫時忘卻煩惱，因此煩惱較多的人通常容易選擇高糖高脂的飲食，從而忽略攝取蔬菜。

總之，還是盡量多攝取蔬菜和水果比較好。

如此一來，即便不做什麼特別的事情，也能逐漸培養出較不易感到煩惱的體質。

之所以感到煩躁，是因為你缺乏葡萄糖

如果各位讀者會因為店員結帳太慢，或是電車誤點了兩分鐘這種微不足道的事情感到生氣，那麼很有可能是因為葡萄糖不足所引起的。

控制情緒所需的能量

俄亥俄州立大學的布拉德．布什曼曾提出以下的假設：

「之所以容易生氣，是因為你沒辦法正常控制情緒，而控制情緒時需要大量的能量，負責產生這股能量的正是葡萄糖。換言之，當我們缺乏葡萄糖時，就可能會焦躁不安，進而無法有效地控制自己的情緒。」

後來，布什曼找來107對夫妻進行研究，驗證了這個假設。

這項實驗總共為期21天，布什曼讓受試者記錄他們對伴侶生氣的次數，而且每晚還需要根據生氣的次數將針刺入巫毒娃娃（詛咒娃娃）中。此外，他也要求受試者每晚測量並記錄自己的血糖。

結果經過分析，他發現血糖愈低的日子，刺入巫毒娃娃的針數也會隨之增加。由此可知，當我們缺乏葡萄糖時，確實無法有效地控制情緒，甚至容易感到焦躁不安。

*

穀類和水果中通常含有大量的葡萄糖。

正如我先前提到的，「多攝取水果有益身心健康」，葡萄糖不僅能幫助我們預防憂鬱症，亦有助於平復焦躁的情緒。

關於葡萄糖，市面上有許多價格實惠且容易購買的葡萄糖補充劑，將這些常備在身邊也是個不錯的選擇。當你因為情緒波動而感到焦躁時，服用葡萄糖補充劑能幫助你穩定情緒。

也許有人會擔心：「葡萄糖是糖分，吃了會不會變胖？」但事實上，葡萄糖對身體來說是必需的營養素。

雖然攝取過量確實會導致體重增加，但如果為了減肥而完全不攝取葡萄糖，亦可能影響你的情緒控制能力，因此還是要小心為佳。

專欄3

週末也要像平時一樣生活

相信有許多人在週末會試圖透過放縱自己來釋放平日的壓力，但這其實不是個明智的選擇。

因為如果熬夜看影片或玩遊戲，到了下個週一，你就會發現自己的身心都疲憊不堪、難以調適。

週末熬夜會打亂體內的生理時鐘（即人體的晝夜節律），反而讓你感到更加疲倦和不適。

澳洲阿德萊德大學的阿曼達．泰勒曾將16位受試者分成兩組，一組要求他們週末仍與平日保持相同的作息時間，另一組則要求他們熬夜三小時。

結果發現，熬夜三小時的組別在下週一的白天更容易感到疲倦或昏昏欲睡，這是因為你的身體節奏受到打亂，不會立即恢復過來。

如果你不想在週一感覺到不舒服，那麼週末的作息最好還是和平日保持一致，盡量不要熬夜，並且按時睡覺。

有些人可能會抱怨：「難得放假，這樣也過得太無趣了」，但這樣做才能讓你的身體在下週感覺更輕鬆，不妨思考一下到底該如何選擇才是正確的。

此外，還要請各位將「就算是週末，也不要完全放假」這件事銘記在心。

就我個人而言，即便是週末，我也會花一到兩小時來工作，因為稍微做一點工作才不會讓我的節奏被打亂，這樣到了下週便不會感到過度的疲憊。

倘若週末完全放假，到週一時就很難迅速恢復過來，甚至會沒有動力工作。

過去活躍於棒球界的鈴木一郎在小時候也是每年都花363天去練習打擊，乍看之下還是休息了兩天，但那其實是因為打擊場在新年期間沒有營業。養成這種習慣後，他的身體平衡總是保持得很好，整體狀態亦非常穩定。

因此，各位也可以試著讓自己的週末過得有規律，這樣就能讓下週一更輕鬆愉快地開始。

第 4 章

減輕內心的重擔

別再試圖自己解決所有問題

雖然本書介紹了許多讓你能自行解決心理困擾的祕訣，但有些問題終究是憑自身力量無法解決的。

這種時候，請毫不猶豫地尋求專業人士的幫助。

就像我們都知道透過按時刷牙來預防蛀牙很重要，但如果還是不小心蛀牙就無法自己解決，只能去看牙醫進行治療，這是再自然不過的事情。

心理問題亦是如此，倘若你發現「果然還是無法靠自己解決」，就請儘早尋求專業諮詢，很多時候與其勉強自己苦撐下去，交給專業人士處理更能快速有效地解決問題。

尋求專家幫助是最好的選擇

專業的音樂家在登台時也會感到極度緊張，因此他們通常會找幾個適合自己的放鬆方式，但是不是每個人都會這樣做呢？其實並非如此。

也有不少人選擇不自己解決，而是尋求專業人士開立適合自己的藥物。

根據美國俄亥俄州克利夫蘭診所基金會的雅克隆・斯洛姆卡所言，歌劇演唱者和長笛演奏者等音樂家大多會在適應症外使用一種名為「普萘洛爾」的藥物。這種藥原本是用來治療心絞痛和心肌梗塞的，但它也能緩解登台時的緊張與焦慮。

可見即便是專業的音樂家也不一定能靠自己的力量來鍛鍊心理素質，所以向專業人士求助並不是什麼罕見的事情。

*

何況各位讀者並不是專業人士，勢必會遇到更多無法憑自身力量解決的事情。這時候千萬別硬是逞強，坦然地向專家尋求幫助才能讓你順利解決問題、心情更輕鬆。

如果你覺得前往精神科或身心診所太難為情而有所抗拒，那麼透過電話諮詢也是一個不錯的選擇。

如今日本的厚生勞動省在各個地方政府都設有專門的部門或組織提供民眾打電話進行心理困擾諮詢，建議各位多多善用這類資源。

而且透過電話諮商便無需擔心會被別人看到，想必能讓各位更加放心。此外，近年來也有許多機構會提供線上諮詢，在前往診所前，不妨可以先透過電子郵件與專家輕鬆地聊聊自己遇到的問題。

最重要的是，不要試圖自己解決所有問題。

與愛發牢騷的人保持距離

你的身邊肯定也有一些愛發牢騷的人吧。

例如：「我們公司的薪水好低」、「我們店裡的客人素質超差的」、「夏天太熱，冬天又太冷，真讓人受不了」等等，每次開口都會抱怨個不停。

對於這類人，我會建議你最好還是與他們保持距離。

因為長時間待在愛發牢騷的人身邊，自己也會變得愛發牢騷，並且容易對生活產生不滿。

千萬要小心「情緒渲染」

這種現象被稱為「情緒渲染」。

簡單來說，就是「近朱者赤，近墨者黑」，也許你自己沒察覺，但我們其實非常容易受到身邊親友的影響。

Facebook核心數據科學團隊的亞當・克萊默曾分析過Facebook用戶一

週內的發文數據。

結果發現，當該用戶的朋友發布負面的內容時，用戶自己也更容易使用負面的詞彙，可見我們確實會在不知不覺中受到朋友的情緒渲染。

你有聽過「君子不立於危牆之下」這句話嗎？它的意思是指聰明的人不會靠近危險，所以遠離愛抱怨的人才是明智的選擇。

結交朋友時，還是選擇那些言詞積極正向的人比較好。最好找一個即便下雨也能說出「我其實更喜歡雨天」這類積極話語的人，這樣的朋友才值得深交。

*

此外，我也不太閱讀網路文章，因為上面總是有太多人在抱怨和批評，愛抱怨和批評的人就和愛發牢騷的人一樣，最好還是儘量遠離。畢竟長時間閱讀這種充滿負面情緒的文章，自己也會在不知不覺間變得愛抱怨。

當然，我並不是說所有網路文章都不好，例如有些文章會專門分享一些溫暖故事，這類內容就值得多多閱讀。

只要能引起正向的渲染效果，你的內心也會變得更加積極樂觀。

不滿的事愈多，財運會愈來愈差

總是愛發牢騷，開口閉口都是抱怨與不滿的人，不僅內心容易變得消極，可能還要小心因此錯失出人頭地的機會。

而且愛抱怨的人，通常也難以獲得加薪或升遷的資格，就更不用說變成有錢人了。

你是有機會致富的人嗎？

加拿大凱波・布蘭頓大學的斯圖爾特・麥肯曾收集民眾在推特上的發文，分析這些推文是偏向正面還是負面，以及發文者的社會經濟地位（是否富有），最終他分析了14萬人的推文，可以說這項研究規模相當龐大。

經過麥肯的調查，他發現發文內容愈消極的人，通常社會經濟地位愈低。這代表那些經常抱怨、發牢騷、愛批評別人的人，基本上是很難變成有錢人的。

有錢人不會發表消極的推文，反而經常分享正面的內容。

因為從心理學的角度來看，那些經常發表：「今天遇到的每個人都像天使一樣！太感謝了！」這類推文的人更有可能在未來擁有幸福的人生。

俗話說得好：「害人之心不可有，否則害人終害己。」這是不變的定律，總是抱怨或批評他人的人，最終亦會毀掉自己的未來，所以最好不要隨意詛咒他人。

*

舉例來說，假如你為了吃午餐隨便走進一家餐廳，結果發現食物難吃到難以下嚥。在這種情況下，多數人可能會抱怨：「這什麼鬼東西，真倒楣！」但這樣是錯誤的。

正確應該要一邊吃一邊說「好吃！好吃！」聽到這裡，你可能會覺得明明不好吃，為什麼還要硬說好吃，但其實不管食物多難吃，只要你一邊吃一邊說「好吃！好吃！」就會開始覺得這道菜變美味了。

只要在日常中時時說好話，內心也會變得更加正向。

所以當你快要說出負面的話語時，不妨立刻換個方向思考，將它變成正向的表達方式再說出口。

難受時，記得面帶笑容調整心情

如果能每天都開心地工作當然很好，但這並不是一件容易的事。有時我們會被指派自己不想做的工作，甚至被客戶或合作夥伴強迫接下一些不合理的任務，這種時候確實很難提起幹勁。

大多數人在這種情況下，臉上往往會露出嚴肅甚至不悅的表情，但正是這種時候，你更應該面帶「微笑」。

因為當你帶著笑容時，心情也會不自覺地變得較為輕鬆，整個人會更加有活力。

有些人可能會想：「遇到不喜歡的事，就算微笑也不會變開心吧？」

但是，我們的心理狀態其實深受臉部表情的影響，即便是刻意擠出的微笑也會讓人莫名產生一種開心的感覺，從而減少心中的痛苦與壓力。

遇到困難時的「微笑作戰」

荷蘭阿姆斯特丹大學的菲利普・菲利本曾在校園裡發傳單，招募了16位男性與18位女性作為受試者，並邀請他們一起騎腳踏車。此外，在實驗過程中他要求其中一組人必須笑著騎腳踏車，另一組則必須皺著眉頭騎。

由於騎腳踏車時，受試者須要費盡全力踩踏，理論上應該會感到很疲憊，然而笑著騎踏車的受試者在實驗結束後，反而覺得心情很好，就連在踩踏的過程中也沒有感受到明顯的疲勞感（結果請參照左側圖表）。

*

當你被迫做自己不想做的事時，許多人會不禁抱怨：「好討厭啊，為

邊笑邊做事能讓人感到快樂，並且不會感到疲憊

	心情好（-5分～5分）	疲憊（0分～20分）
面帶微笑	2.91	11.53
皺著眉頭	2.12	12.06

（出處：Philippen,P.B.,etal.,2012）

什麼拒絕不了呢？啊啊，好不想做啊……」但這樣勉強自己工作，並不能為你帶來快樂。

不如別抱怨，思考該如何快速地完成工作，而且在開始工作前，千萬別忘了保持微笑！

這個「遇到困難時的微笑作戰」在心理學上已經被證實是一個非常有效的方法，當你被迫做不想做的事情時，還請務必試試看。

試著在日常中練習用快樂的聲音說話

當你不得不與討厭的人組隊工作，或必須與不喜歡的同事一起拜訪客戶時，心情難免會低落。即便對方與你交談，你可能也提不起勁，只能敷衍地回應：「唉，是啊……」

先前亦有提到，我們的心理狀態會受到表情影響，但其實「聲音」也會改變我們的情緒。

所以當你必須與不喜歡的上司、同事或客戶共事時，切記不要用不愉快的語氣說話，因為用消極的聲音說話，只會讓你的情緒變得更加低落。

想讓自己心情變好，就要發出讓自己快樂的聲音。

具體來說，你可以試著讓聲音稍微提高一些，語調變得更有活力，就像在收到朋友送的驚喜禮物時，通常都會興奮地說：「哇～！謝謝你～！」如果你能經常用這樣的語氣說話，心情自然也會變得愉快。

「快樂的聲音」真的能讓人更快樂？

法國巴黎第六大學的約翰．奧克丘里耶曾做過一項實驗。在實驗過程中，他請參加實驗的人朗讀一段文字並錄音，接著讓他們透過耳機聽自己剛才錄的聲音。

但受試者並不知道，他們聽到的朗讀聲已經被機器調整成快樂的聲音了。此處指的快樂聲音，其實就是將原本的說話音調調高，讓整體聽起來更加抑揚頓挫。

結果他發現，雖然受試者聽到的並不是自己原本的朗讀聲，而是經過微調變得更快樂的聲音，但他們聽到這樣的聲音後，不知為何心情也會變得更加愉快。

這證實了我們聽到自己的「快樂聲音」時，心情確實會變得更加快樂。

*

有些人上班時完全不會和任何人打招呼，即便辦公室裡有其他同事，他們依然不會與別人對視，而是逕自走向自己的座位默默地開始工作。可想而知，這樣自然無法讓你的心情變得愉快。

因此，如果你想每天都開心地工作，就應該試著用更有活力的聲音說話，無論面對任何人都要用開朗的聲音向對方問候。

例如上班時，可以用充滿朝氣的聲音對門口的警衛說：「早安～！」，甚至在走廊上遇到其他部門的同事時，也可以一路用愉快的語氣問候大家，接著再走向自己的座位。

只要像這樣走向自己的座位，當你準備開始工作時，心情自然會變得愉快許多，工作動力也會大幅提升。

強大的心態
來自「強健的姿態」

在工作上需要進行談判時，我們經常需要展現出強勢態度，因為總是順從對方的要求，勢必無法爭取到更好的利益。

如果對方的提案讓你不滿意，就要勇於說：「不！」

「內藤醫生，這些道理我都懂，但心理上還是會畏縮，根本沒辦法強勢應對啊！」

相信肯定也有人會這樣想，所以在這個篇章我想教各位一個能讓自己變得更強勢的心理戰術。

其方法很簡單，那就是在談判前先找個像是廁所隔間等沒人的地方偷偷地高舉雙臂，或者擺出像運動員奪冠時的勝利姿勢也可以。

這是因為曾有心理學家發現，我們的情緒會受到自身姿勢的影響，當我們擺出強勢的姿勢時，內心也會變得更有自信，而這種強勢姿勢在心理學上被稱為「力量姿勢」。

「力量姿勢」的實驗

德克薩斯州A&M大學的心理學家凱蒂・加里森曾邀請305位大學生參與實驗，並將他們分成兩組，其中一組學生必須擺出力量姿勢，例如把腳翹在桌子上，整個人後仰靠在椅背上，像黑手黨老大一樣；而另一組則被要求雙腿併攏，低著頭坐在椅子上，通常軟弱的人都會擺出的姿勢。

在受試者維持這個姿勢一段時間後，研究人員請他們參與一場金錢分配的談判遊戲，結果發現擺出力量姿勢的那組人在面對不滿意的提案時，拒絕對方的比例提升了1・71倍。

＊

各位讀者之所以無法展現出強勢的態度，或許與姿勢不夠有氣勢有關。你是否常常駝背呢？走路時是否總是低著頭呢？正是這種弱勢的姿態，讓你的內心也變得缺乏自信。

因此當你走在街上時，請抬起下巴，昂首闊步吧。坐在椅子上時，也要挺直背脊，讓自己看起來更加堅定有力。只要像這樣刻意擺出強勢的姿勢，內心肯定也會變得愈來愈有自信。

如果你曾看過黑道電影，你會發現黑道大哥走路時總是昂首闊步，非常有自信的樣子，坐下時也會大剌剌地張開雙腿。

因為在黑道世界裡最忌諱被人小看，或許是為了時刻保持強勢，他們才會在平時就刻意採取這種力量姿勢。從心理學的角度來看，這樣的解釋也是合理的。

別試圖改變他人的想法

當你與他人意見相左時，最好別急著讓對方理解你的想法，因為對方是不會理解你的。

基本上我們都不太會改變自己的觀點，這可說是人之常情，但我們並不是因為固執才不願聽取他人的意見，而是本來就聽不太進去別人的意見。

舉個簡單的例子，各位讀者有曾經在被說服後立刻改變想法嗎？

恐怕大多數時候，你都沒有真的聽進去吧，畢竟人類通常不會輕易改變自身的看法。

正因為人難以改變自己的觀點，所以「試圖改變對方的想法」這種行動往往會以失敗告終，就算你再怎麼努力說服對方、讓對方接受自己的主張，最終也只是白費力氣罷了。

我們只會接受與自己的觀點和信念一致的事物。

這在心理學上被稱為「一致效應」。

一旦發現可能會演變成爭論，最好趁早抽身

哈佛大學的卡斯・桑斯坦曾讓302名實驗受試者閱讀幾篇關於氣候變遷的文章，並觀察他們對不同立場的接受程度。

結果發現，原本就相信氣候變遷是人類造成的人，基本上不會採信「平均氣溫的上升並沒有先前預測的那麼嚴重，因此不能說是全球暖化」這類文章的說法。

而是更傾向認為「平均氣溫的上升速度超過預期，確實能稱之為全球暖化」這種說法才是正確的，這就是所謂的一致效應。

由此可知，我們很少會改變自己的信念，所以當彼此意見相左時，無論怎麼爭論都只是徒勞無功罷了。

*

因此，當你察覺到「啊，再說下去可能會爭論起來」的時候，就應該果斷退出這場辯論。

畢竟無論你多麼激動地闡述自己的觀點，只要對方不願接受，那麼這場討論就只是在白白浪費精力與時間。

在會議上亦是如此，如果有人強烈反駁你的意見，最明智的做法就是迅速退場。不要一直爭論不休，反而應該大方地接受對方的態度，並且告訴他：「原來如此，這種觀點確實也很重要呢。」或者「原來如此，我從沒想到還有這種思考方式呢。」

這才是聰明人的處世之道。

人只會接受
自己想接受的事實

科學數據是基於客觀程序所獲得，當中不會摻雜任何主觀因素。

然而，對數據的「解釋」卻截然不同，這部分可以帶有極大的主觀性，因此即便是完全相同的數據，也能得出截然不同的結論。

先前亦有提到，人們只會接受與自己信念一致的資訊，對於數據的解釋也是如此。

舉個例子來說，當我們為了新商品進行市場調查時，發現有70%的人給予了正面評價，身為該產品開發團隊的一員，你肯定會對這個結果感到非常高興。

不過當你在會議上報告這項數據時，某位與會者卻提出異議：「但還是有30%的人不喜歡這款商品吧？」

雖然確實有30%的人未給予正面評價，但你應該還是會以「多數人是支持這款商品」為由堅持自己的主張吧。

然而，那位反對者大概也不會改變自己的意見，因為他一開始就持反對立場。

他可能是不喜歡這款新商品或討厭你這個人，但無論如何，這位反對者的存在都可能會導致新商品無法上市。

即便事實相同，結論卻可能截然不同

耶魯大學的丹・卡漢曾讓數學測驗中得分較高的學生分析一組臨床數據，研究某款治療皮膚紅疹的藥膏是否有效，而這些人本來就擅長算數，自然能準確地分析數據。

不過緊接著，研究人員又向同一批受試者展示幾個城市的犯罪統計數據，並請他們判斷「槍枝管制法是否能有效降低犯罪率」，結果發現，即便他們擁有優秀的算數能力，結論依然會受到個人立場影響。支持槍枝管制的人認為「此法能有效抑制犯罪」，而反對槍枝管制的人面對同樣的數據卻認為「不，這兩者根本毫無關聯」。

順帶一提，皮膚藥膏的臨床數據與犯罪統計數據其實是使用同一份數據，不過即便如此，人們仍然會根據自己的信念得出不同的結論。

*

因此，認為「只要有數據，人們就會被說服」是一種過於天真的想法，人類基本上只會接受符合自身信念的資訊，與其先進行調查並收集數據，不如先了解對方的信念、立場與偏好。倘若數據本身不符合對方的價值觀，那麼無論你多麼努力對方也不會接受的。

光是改變音樂喜好，便能成為更好的人

如果不想為人際關係煩惱，就必須避免被討厭。

只要不讓任何人討厭自己便不會與他人發生衝突，同時也能減少壓力與困擾。

那麼，該怎麼做才能成為「好人」呢？其實這沒有你想像中困難。

其中一個方法便是改變自己平時聽的音樂，選擇那些帶有利社會性歌詞的歌曲，光是這樣就能讓你自然而然變成一個更友善的人。

所謂的「利社會性」是指設身處地為他人著想，或為他人採取行動，既然要聽音樂，不妨選擇那些帶有這種歌詞的歌曲吧。

利社會性歌曲的力量

英國薩塞克斯大學的托比亞斯．格雷特邁爾曾以「調查音樂喜好」的名義找來眾多受試者，並讓他們聽了幾首帶有利社會性歌詞的歌曲和中立價值觀的歌曲。

其中利社會性歌曲的部分，受試者聽了包括麥可．傑克森的《Heal the World》在內的四首歌，歌曲中包含許多「即便只是微小的努力，也要讓世界變得更美好」這種利他主義的歌詞。

至於中立價值觀的歌曲則是包含麥可．傑克森的《On The Line》在內的四首歌，這類歌曲的歌詞則完全沒有涉及助人或關懷他人的內容。

在參與者聽完歌曲後，實驗便宣告結束，這時卻有一位女助手不小心將20支鉛筆弄掉在地上。其實她是故意的，藉此暗中觀察參與者會撿起多少支鉛筆來幫助她。

結果發現，聆聽利社會性歌曲的參與者，平均會撿起5．53支鉛筆，而聆聽中立歌曲的參與者僅撿起1．25支鉛筆，可見利社會性的歌詞確實能自然激發人們助人的意願。

＊

倘若你在日常生活中就習慣聽這種利社會性的歌曲，那麼在看到有人需要幫助時，自然會馬上伸出援手。

相信沒有人會因為有難時被幫助而感到不快，所以愈是主動施以善意，愈能快速提升你在他人心中的評價。

因此，為了讓自己成為一個具有親和力的人，平時就應該多聽那些帶有利社會性歌詞的歌曲。

學習經濟學會讓人變冷漠

經濟學的老師聽到這句話可能會生氣，但若想成為一個「好人」，我會建議你不要讀太多經濟學的書。

因為學習經濟學，可能會讓人變冷漠。

經濟學是一門極為理性、講求合理性的學科，但在學習這些知識的過程中，人們往往會變得更加自私且善於算計，所以最好不要過度鑽研經濟學。

變得精於算計

康乃爾大學的羅伯特·法蘭克提出了一個假設：「學習經濟學會讓人變得冷漠嗎？」並且以一項研究來驗證這個假設。

法蘭克向1245位來自不同學科領域的大學教授寄送了問卷，詢問他們：「您每年大約會捐贈多少美元給慈善機構？」

結果發現經濟學家當中「一美元都不捐」的人竟然高達9.3％，相比之下，專攻自然科學、社會科學、數學、電腦科學或藝術的學者「一美元都不捐」的比例僅為2.9%至4.2%。

由此可知，經濟學家在「完全不捐款」這方面表現得特別突出，這也代表他們比其他學科的專家更為冷漠。

對他人友善需要付出許多精力和時間，從這方面看來確實是一項高成本的行為，而且為了獲得他人的喜愛，我們或許還得花錢買伴手禮送給大家，這也是一筆開銷。

經濟學家們之所以較為冷漠，或許正是因為學習經濟學後，他們總會過度在意這種「社交成本」。

*

對經濟學家來說，如果付出了某種成本卻得不到相應的利益，他們可能會覺得非常愚蠢，甚至認為做這種得不到回報的事情是完全不合理的。

然而在人際關係中，只有貪婪的人才會總是期待回報，當對方發現你是為了得到回報才提供援助時，難免會感到有些不舒服，畢竟大多數人都認為既然伸出援手，就應該不求回報、心甘情願地幫助對方。

因此我認為喜歡學習經濟學的人也要明白這個道理，並時刻提醒自己不要變得過於斤斤計較。

專欄4

是「氣溫」導致你焦躁不已嗎？

「不知道為什麼，就是無緣無故感到煩躁。」
「或許對方並沒有惡意，但聽到某些無心的話語還是會生氣。」
「無法忍受店員沒有馬上過來服務。」

即便是這種微不足道的小事，有時也會讓我們感到煩躁不安，甚至可以說只要是人，難免會遇到這種情況。

不過，正因為這是每個人都會經歷的情緒波動，所以不必太在意，這並不代表你脾氣暴躁或容易動怒，而是所有人都會有這種情緒不穩的日子。

例如，受到氣溫的影響。

當天氣悶熱、氣溫升高時，我們往往會變得更加暴躁，甚至經常因為一點小事就情緒爆發，此外也有許多研究表明，隨著氣溫上升，各種犯罪行為的發生率也會增加，即便是普通人在高溫下亦可能變得易怒，進而做出不當行為。

連心理素質強大的運動員都不例外。

美國德克薩斯理工大學的柯蒂斯．克雷格曾研究過國家美式足球聯盟（NFL）共2326場比賽的數據，分析球員犯規行為與氣溫的關聯，結果發現當氣溫升高時，主場球隊的犯規次數會顯著增加（而客場球隊則沒有明顯變化），這可能是因為在主場進行比賽使球員們情緒高漲，再加上高溫影響，才導致犯規行為增加。

因此，就算你在炎熱的夏季或酷暑中偶爾會感到有些煩躁，也是極其正常的生理反應，請不用過度在意。

此外，再給各位一個建議，當你查看天氣預報發現明天可能會很熱時，最好告訴自己：「明天可能會無緣無故地感到煩躁，我要小心控制自己的情緒。」

否則在天氣炎熱時，你可能會不知不覺變成一個討厭的人。尤其你如果打算在高溫的日子裡與他人見面，就要格外注意這一點。

只要你能預測到自己可能會感到煩躁，情緒便無法左右你的行為。

一旦瞭解高溫會讓每個人都容易煩躁，就算有人對你說了某些不禮貌的話，你也不會過於生氣，甚至能一笑置之。

第 5 章

放下瑣碎的煩惱

看占卜容易受到心理暗示

如果你是一個容易在意別人話語的人，那麼最好避免接觸占卜類的東西，因為一旦聽到不好的預測，你可能會過度在意。

反之，只要一開始就不去占卜，便不會因為結果而感到沮喪。

例如在觀看晨間資訊節目時，可以盡量避開會播報「今日運勢」的節目，改看其他節目，因為如果聽到「你今天的運勢是最後一名」，那你可能一大早心情就會非常不美好。

有些人可能會覺得：「占卜本來就沒什麼根據，只是娛樂，結果看看就好，不必當真。」但事實上，我們很難完全不受到影響。

聽到壞消息時，難免會有些在意；聽到好消息時，即便知道可能是謊言也會忍不住相信並因此高興不已。

雖然占卜確實缺乏科學依據，有許多理論也相當可疑，但若說它完全沒有效果，那也未必如此。

因為它會產生「自我暗示」的效果。

當有人告訴你「你是○○的人」，即便這個說法毫無根據，我們的大腦仍可能會受到影響，潛意識開始相信「沒錯，我就是這樣的人」，而這種自我暗示帶來的影響力非常強大。

只要聽占卜中的「好事」就好

比利時天主教魯汶大學的克洛貝爾．馬加利曾將星座占卜的結果告訴獅子座的人：「獅子座具有很出色的創造力。」接著讓這些受試者進行創造力測試，結果發現他們的創造力得分真的提高了。

這說明占卜本身或許是假的，但「自我暗示」的效果卻是真實存在的，而這種自我暗示毫無疑問會對我們產生影響，因此要特別注意。

如果占卜告訴你：「你是一個害羞內向的人」，那你可能真的會變得更加害羞。

這時有些人或許會說：「那只要相信好的結果就好。」但問題是你得先去占卜，才能知道哪些是好結果，而在這個過程中，你也無可避免地會看到壞結果，如此一來，負面的自我暗示便可能會對你產生影響。

*

許多人或許只是抱持著玩玩的心態去占卜，但這件事並沒有我們想像中那麼無害。

因此就算是新年去神社抽籤，我也不會自己閱讀籤文，而是會讓妻子先看，然後再請她告訴我上面寫的「好事」。即便抽到的不是大吉，而是末吉或小吉，裡面多少還是會有一些好事，只要知道那些就足夠了。

自我搜尋並沒有任何好處

使用搜尋引擎等工具查詢自己的評價或謠言，這個行為叫做「自我搜尋」，亦有人簡稱為「自搜」。

「大家是怎麼看待我的呢？」

「難道我被大家討厭了嗎？」

「同事們是如何評價我的呢？」

在意這些事情是人之常情。

看到好評可能會很高興，但如果不小心看到差評，會讓情緒大受打擊。

有些藝人甚至會因為太過在意網絡上的誹謗中傷而選擇自殺，這說明差評帶來的傷害極為強大，畢竟不論是誰聽到關於自己的壞話，難免都會感到受傷。

差評會讓你產生自我厭惡

美國德州大學的詹妮弗・比爾曾讓實驗受試者拍攝自己的照片，並將這些照片拿給10位判定者（5男5女）觀看，再把結果反饋給受試者。

但這些反饋其實是不是真的，而是比爾事先準備的調查結果，當中有些人被告知「你被10人中的6人討厭」，而有些人則被告知「沒有人討厭你」。

接著，他要求受試者評價自己性格，結果發現那些自尊心受創的人，對自己的性格評價往往較為不好。

從這個實驗可以看出，當我們聽到他人對自己的差評時，我們也會容易開始討厭自己。

*

「那家伙真的有夠傲慢，讓人超不爽」看到這種評價時，任誰都會沮喪到無法馬上振作起來。

那麼，該怎麼做才能避免讓自己情緒低落呢？其實很簡單，最根本的做法就是不要自我搜尋；換言之，只要你不去搜尋他人對自己的評價，情緒就不會受到影響。

正如我先前建議各位不要隨意嘗試占卜，如今我想再補充一點，最好也不要進行自我搜尋，因為這兩者都只會讓自己的心情變差。

學會用正確的心態
進行嚴厲指導

身居高位的人，有時候需要將心態變得像「鬼」一樣。某些時候為了讓部下或團隊成員進步，甚至必須以嚴厲的態度對他們進行指導。

如果總是想要討好部下或顧慮部下的臉色，無法正確地指導對方「再〇〇一點！」那你勢必沒辦法成為一個好上司。

話雖如此，但應該也有不少人在指導部下時會不禁擔心：「啊啊～他會不會討厭我了～」或「是不是應該再溫柔一點～」進而陷入低潮。

如果你的性格本身過於溫和，每次嚴厲指導對方都會感到心痛，那麼請告訴自己：「本來就應該嚴厲一點。」

告訴自己，你只是在做應該做的事情。

如此一來，你就不會過度在意了。

告訴自己「本來就該嚴厲一點」

先前在第137頁曾向各位介紹過布拉德．布什曼，其實他還在密西根大學任教時也進行過一項有趣的實驗。

他將248名大學生兩兩分成一組，讓他們比誰的反應時間較快，勝者必須透過耳機播放一段極度不愉快的聲音給敗者聽，但實際上這些受試者早已被內定為勝利的一方。

當我們做出讓對方不高興的事情時，良心總會受到譴責。由於受試者可以從60分貝（非常輕微）到105分貝（非常強烈）中自由選擇自己想要的音量強度，最終大多數人都選擇了非常輕微的音量。

唯獨一部分在實驗前聽過聖經中一段講述「懲罰是正當的」之內容的受試者，他們選擇給予對方播放非常強烈的不愉快聲音，因為只要能將選擇正當化，便不會再受到良心的譴責，進而能毫不猶豫地施加強烈的懲罰。

＊

如果各位讀者有時會因為太過善良而無法對他人進行嚴厲的指導，那麼你應該先告訴自己：「身為上司，不論多麼嚴厲都是沒問題的」。

此外，我也推薦你閱讀《上司若不變成鬼：屬下怎麼會成材》（染谷和巳著，先覺出版社），這本書對於性格溫和，難以進行嚴厲指導的人來說，無疑是一部讓人眼睛一亮的作品。

硬要說的話，我自己也屬於渴望受人喜愛，因而無法進行嚴厲指導的人，但在看完染谷先生的「鬼系列」書籍後，我改變了想法，甚至可以說是這本說讓我能更加有自信地嚴厲指導他人。

告訴自己「決定好的事情就要堅持到底」

各位讀者是否認為就算做好決定，倘若之後覺得不滿意，最好能隨時更改會比較好呢？

然而，事實並非如此。

根據荷蘭阿姆斯特丹大學的洛蒂·布倫斯的研究發現，反而是無法更改的決定讓人較少後悔，同時滿意度也更高。

當我們面對許多選擇時，往往會三心二意，即便已經決定好就是這個，內心仍會不斷糾結：「不對，是不是其他選擇更好？」

因此布倫斯主張與其給予自己退路，倒不如一開始就沒有其他選擇，並且無法更改決定，這樣反而比較容易釋懷，滿意度也會更高。

無法改變決定，反而更幸福

這個說法乍看之下有些矛盾，但當我們無法改變決定時，確實會感到更幸福。

因此，與其猶豫不決，不如為自己制定一條「背水一戰」的規則，一旦做出決定就絕不再動搖，這樣才能減少精神上的疲勞。

以前的人一旦進入某家公司工作，通常就不會轉職，而是會一直待到退休。這是因為他們就算想離職也會受到社會氛圍或文化影響，所以難以輕易轉換跑道。

那麼，難道過去的上班族都非常不幸嗎？實際上並非如此。即便剛開始不喜歡那份工作，隨著時間的推移，人們通常會漸漸發現其中的樂趣，甚至覺得「這就是我的天職」。

反觀現代社會，只要你不喜歡隨時都可以轉職，但那些頻繁更換公司或工作、經常轉職的人真的有變得更幸福嗎？

在我看來，正因為現在可以隨時轉職，人們反而更容易變得不幸，至少根據布倫斯的理論來說，這種推測是合理的。

*

而婚姻亦是如此，在過去的日本社會離婚並不容易，但大多數的夫妻仍感到相當幸福，因為當決定無法輕易更改時，滿足度也會隨之提高。

一旦決定，就不再改變。

為自己制定這樣的原則，也是一種通往幸福的方式。

凝視某個東西兩分鐘，能暫時擺脫煩惱

當腦中充滿不愉快的事情時，我們往往會告訴自己：「不要再想了。」

然而，這種方法通常都行不通。

因為愈是逼迫自己不要去想那些不愉快的事，反而會更加清晰地浮現在腦海中，揮之不去。

那我們究竟該如何擺脫這些讓人煩躁的想法呢？最好的方法並非不要去想，而是要選定一個目標，然後專注地凝視它。

你可以選擇原子筆的筆尖、掛在房間裡的時鐘，甚至是天空中的一朵雲，無論任何東西都可以。

當我們持續凝視某個目標，你會發現一件不可思議的事，那就是比較不會產生負面思考。

這是因為我們專注於某件事情時，大腦亦不會胡思亂想。

加州大學聖塔芭芭拉分校的本傑明．拜爾德曾經召集79位大學生，並將

抑制想法，反而會讓它更加頻繁地浮現

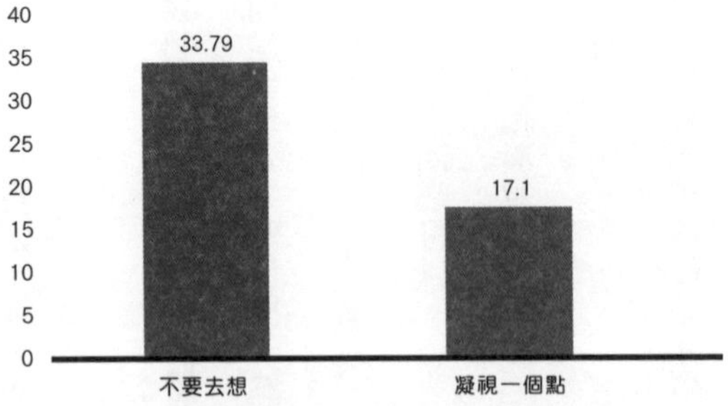

在實驗中按下空白鍵的次數（出處：Baird, B., et al., 2013）

他們分成兩組，其中一組被告知「不要去想你的前任」，如果腦中稍微浮現了前任的影像，就要按下電腦的空白鍵。

而另一組同樣被告知「不要去想你的前任」，但拜爾德還額外要求他們凝視電腦螢幕上的某一個點，如果凝視著那一點仍然想到前任再按下空白鍵。

結果在實驗期間，兩組受試者按下空白鍵的次數如上圖所示。

可以發現單純強迫自己不去想的那組按下空白鍵的次數幾乎是另

一組的兩倍，這也證實了單純地抑制想法，反而會讓它更加頻繁地浮現。

*

如果你也深受腦中的負面思考所困，不妨試著凝視某個目標。

在禪宗的修行中，對於打坐時容易胡思亂想的初學者，禪師通常會建議他專注於自己的呼吸。其實專注於呼吸與凝視某個目標其實是相同的道理，都是將注意力集中在一件事物上，因此你如果覺得凝視某物不太適合自己，也可以試著專注於自己的呼吸。

內心混亂時，可以用「洗手」來整理情緒

或許是因為新冠病毒在全球引發了大流行，如今勤於洗手的人變多了，為了預防感染，這確實是一件好事。

不過，你知道洗手不僅能預防感染，其實還具有驚人的心理效應嗎？那就是能澈底吹散人們心中的煩惱與不安。

「我是不是做錯事了？」

「剛才好像說得太過分了。」

當你的內心產生這種宛如罪惡感的煩悶情緒時，可以試著去洗個手，如此一來，你的心情也會瞬間煥然一新。

在日語中，「洗手」亦有做了壞事後改過自新的意思，而實際上透過真正地洗手，似乎也能讓我們的內心變得純淨許多。

「感受到多少罪惡感」的實驗

哥倫比亞大學的伊亞爾・卡蘭斯洛夫曾請37位大學生回想自己做過的不道德行為，並要求他們將其寫在紙上，而這些指示都是為了提升受試者的罪惡感。

接著，讓一半的受試者洗手，另一半的人作為對照組則沒有洗手。

隨後他讓受試者評分自己目前感受到的「不適感」、「後悔」、「罪惡感」、「羞愧」之程度，結果發現洗手組的得分明顯偏低。

透過這項研究，證實了洗手確實也能讓人的內心變得較為輕鬆。

*

在這個實驗中，卡蘭斯洛夫將研究重點放在罪惡感，但緊張或不安等情緒或許亦能透過洗手來消除。

雖然這方面的研究目前尚未得到驗證，但我在舉辦研討會或演講時，只要過度緊張就會去洗手間把手浸泡在流動的水中一段時間，結果發現這樣能讓自己的心情慢慢平靜下來。

或許，洗手真的具有幫助人們驅散負面情緒的心理效應。

過度懺悔
可能會失去對他人的同理心

在基督教中，有一種名為懺悔或告解的儀式，讓信徒得以坦誠地訴說自己所犯的罪過。

透過懺悔，人們能減輕內心的重擔。

然而值得注意的是，這種內心的輕鬆感亦可能帶來意想不到的陷阱。畢竟內心變得輕鬆自在後，人們反而不太會想要對他人表現出善意。

正因為心中存有罪惡感，我們才會產生抱歉的心情，進而願意對他人施以善意，倘若透過懺悔完全消除內心的愧疚，那麼人們將不再認為有必要親切對待他人。

換言之，若是過度懺悔使心靈完全得到解放，反而有可能讓你成為冷漠的人，尤其是男性更容易出現這種情況，因此要將這點銘記在心。

懺悔會讓人忘記行善

美國俄亥俄州立大學的瑪麗．哈里斯悄悄在天主教堂的告解時間對74位男性與99位女性信徒進行了一項實驗。

實驗內容是詢問他們：「是否願意捐款給出生缺陷基金會（致力於母嬰健康的非營利組織）」。

不過每個人收到詢問的時機點皆有所不同，有些人是在進教堂前被詢問的，有些人則是在離開教堂後，因為人們在進入教堂前尚未懺悔，心中的罪惡感可能較為強烈，反之離開教堂的信徒通常已經放下內心的重擔，所以心情上會輕鬆許多。

那麼，捐款給基金會的比例有什麼變化呢？經過調查，他發現男性在進入教堂前有76％願意捐款，但離開教堂後的卻只剩下19％。

由此可知，尚未懺悔、內心仍焦慮不安的人更願意為他人付出金錢。而女性的變化則較小，進教堂前為24%，而懺悔後則為19%。

*

若懺悔會讓人們遺忘行善之心，那麼對男性而言，似乎不懺悔比較好。日本人雖然較少向神父或牧師懺悔，但經常會向朋友、前輩傾訴煩惱，這種行為在某種程度上也類似於懺悔。

然而，與其透過傾訴讓內心釋懷，保留一些罪惡感，或許才能讓人保有行善之心。

下巴的角度能讓你的氣場由暗轉明

有些人自認為表現得很正常，但周圍的人卻仍會在背後議論：「那個人好陰沉喔」、「害我的心情都變差了」。明明沒有惡意卻飽受批判，對當事人來說想必非常困擾吧。

話雖如此，但也有可能只是你自己沒有察覺，實際上早已在無形中向周遭的人散發出「陰沉的氣場」。

其中一個關鍵因素，便是下巴的角度。

光是稍微改變下巴的角度，給人的印象就會大不相同。

那些能讓周遭氣氛變愉快的人，下巴幾乎都會微微上揚，因為只要稍微抬起下巴，就能讓人看起來更有朝氣。

這一點對任何人都適用，所以你如果覺得自己可能散發著陰鬱的氛圍，請試著在平日裡就有意識地微微抬起下巴吧。

讓臉多接觸光線

加拿大魁北克省拉瓦爾大學的阿維德．卡帕斯曾利用不同下巴角度的人臉照片，調查這些角度會如何影響他人對臉部的印象，結果發現抬起下巴會給人幸福、開朗的感覺。

反之，下巴向下則會給人一種憂鬱、陰沉的印象。

為什麼抬起下巴就會讓人看起來較為開朗呢？其實是因為這時候我們的臉能照到許多光芒，而臉部照到光之後，看起來便會更加明亮。

在傳統能劇中亦有類似的應用，例如演員抬起頭時稱為「照亮面具」，低頭時則稱為「讓面具變陰沉」。

本來能劇使用的木雕面具是不會改變表情的，但透過調整下巴的角度，便能呈現出笑容或哭泣等各式各樣的情緒，著實不可思議。

*

倘若你覺得自己給人一種陰沉的印象，那可能是下巴的角度不對，或許正因為你總是低著頭，才會在不知不覺中散發出一股陰鬱的氣質。

尤其是現代人經常滑手機，相信有許多人都有所謂的「手機脖」。

然而，經常低頭不僅會讓脖子痠痛，還會影響周遭他人對你的印象，可以說是毫無益處，因此還是盡量減少使用手機的時間比較好。

接受每個人外貌、性別、學歷有所差別這件事

「她總是被眾人捧在手心，而我卻總是被冷落。」

「大家聽到他的發言就點頭稱善，我的意見卻總是遭到駁斥。」

各位應該也經常會這麼想吧。

之所以會發生這樣的情況，是因為我們在評價他人時，往往會受到某些特徵的影響，導致我們的認知產生偏差。

舉例來說，當一個可愛的女生或英俊的男生發表意見時，無論內容是否正確，大家都會覺得他們說得很有道理，這也是因為外貌特徵影響了我們的認知。

讓認知產生偏差的「月暈效應」

加拿大滑鐵盧大學的吉娃．昆達曾讓受試者閱讀一位明顯具有社交能力的人的個人簡介，並詢問他們的印象，結果發現當研究人員說他是汽車銷售員時，受試者大多給予「嗓門很大」、「愛講話」等負面評價，但如果說他是演員，受試者則會認為他喜歡娛樂他人，並給予較為正面的評價。

這項實驗證明，一個人的職業也會影響人們的認知。

此外，人們對他人的頭銜亦會產生偏見。

高學歷的人無論說出多麼無聊的話，人們都會覺得他們很有內涵，而國中畢業的人就算講出高深的見解，也可能會被一口斷定為無稽之談。

像這樣的認知偏差，就叫做「月暈效應」。

擁有某種討喜特質的人，不論在哪個方面都能獲得正面評價，而帶有負面特質的人，則在各方面都容易受到差別對待。

*

像這樣的認知偏差，往往是我們無法自行改變的。

當你遭到他人批評時，可能會覺得對方蠻不講理，這時你必須告訴自己，人的認知本來就充滿偏見與扭曲，並試著接受和適應。

畢竟這個世界充滿了各種差別待遇，無論是年齡、性別、外貌，包括學歷都會影響別人對你的看法。

因此，即便受到不公平的對待，也請記住這並不是各位讀者的錯。

不過歧視與偏見是會隨著相處時間的增加而逐漸改變的，就算他人一開始對你抱有負面印象，隨著認識愈深，對方亦有可能改變看法，發現你其實是個不錯的人，在那之前就耐心等待吧。

面對面交流
才是最好的交友方式

新型冠狀病毒的蔓延讓社會的數位化速度突飛猛進。

如今遠端辦公與遠距工作已經成為常態，有些人或許不再需要特地到公司上班，甚至愈來愈常透過電子郵件或線上會議進行工作交流。

不少人可能會高興於「不用再與他人見面，省去了許多麻煩」，但這樣的變化在人際關係上可能引發一些問題。

因為在人際關係中，面對面交流更容易產生親近感，亦能讓彼此的關係變得更加融洽。

刻意與人見面變得更加重要

美國伊利諾州帝博大學的亞利士．斯塔爾馬切針對面對面談判與線上談判（如電子郵件、電話等）的效果進行了比較，結果發現面對面談判較不容易產生敵對情緒，反而還能保持友好的氛圍，因此面對面談判通常可以讓雙方獲得更大的利益。

相較之下，遠端溝通不僅較難拉近關係，同時也更容易產生對立，有時甚至還會影響工作效率。

實際上在新冠疫情期間，儘管政府提倡「盡量遠端辦公」與「盡量減少外出」，但我在工作時仍然選擇盡量與對方見面，因為從心理學的角度來看，這樣做才是正確的。

畢竟比起透過電子郵件告訴上司：「請讓我負責這個新企劃」，當面請求對方絕對更容易達成共識。

*

綜上所述，我認為所謂的人際關係，還是得面對面交流才行。

即便那件事可以輕鬆地透過網路完成，最好還是盡量選擇面對面處理，這樣才能讓彼此變得更加親密，雖然直接見面可能會花費一些時間和精力，但工作上亦會更加順利。

或許有些人會覺得這不是這個時代該有的想法，但不管社會如何數位化，一旦大家都不面對面交流，在人際關係方面勢必會產生問題。

因此我希望各位不要嫌麻煩，試著培養出積極與人見面的靈活行動力。

專欄 5

減肥對心理層面帶來的影響

相信各位讀者應該都有過這種經驗，明明做的事情完全相同，有人總是獲得好評，有人卻飽受批評；即使工作內容完全相同，某位同事就經常被稱讚，自己則總是被貶低。

如果他人經常給予你負面的評價，那你可能是受到體型的影響，因為體重過重的人往往會被貼上負面標籤。

芝加哥醫科大學的雷吉納．皮吉托雷曾找來幾位男女演員錄製求職面試的影片，不過他先是請演員以原本的正常體型拍攝影片，接著又找來專業化妝師幫忙讓他們看起來胖了20%左右。

最後他將完成的影片播給320位觀眾看，並詢問他們：「如果你是人資，會聘用這個人嗎？」結果發現，當演員保持正常體型時，他們能在滿分7分裡得到5．75分，但他們看起來較為肥胖時，評分卻下降至4．22分。

明明這些演員在面試中的表現完全相同，僅因為體型稍微胖了一些，評價立刻就變差了。

這也意味著，為了避免遭到身邊的人冷落，最好還是要努力減肥。

當然也有許多人就算身材較胖，依然備受他人喜愛，這樣的人通常擁有開朗的性格、良好的人際關係，並且能親切地與每個人交談，或許只有具備這些特質才不需要減肥。

然而就一般來說，肥胖確實會給人留下壞印象也更容易遭受他人的冷落。

再加上過度肥胖對健康也不好，如果你對自己腹部周圍的肥肉不太滿意，不妨試著減肥看看，體型改變後，周遭他人對你的態度或許也會有所改變。

雖說是減肥，但其實只要克制自己不要暴飲暴食、吃飯最多八分飽，或者養成每天稍微運動的習慣就夠了，只要長期維持這種生活方式，你的體重勢必會漸漸下降。

請試著在不勉強自己的情況下減肥吧，你會發現自己的心情和他人對你的印象都會發生驚人的變化。

第 6 章

讓生活過得更加愉快

旁人的評價
只要隨便聽聽即可

只要是人類，任誰都希望能被他人喜愛，然而這種心態一旦太過強烈，就會讓你開始害怕被討厭，甚至變得極度神經質，因此必須格外小心。

根據維吉尼亞大學的史黛西．辛克萊爾的研究，我們總會在不自覺的情況下採納自己想要親近的人的觀點和態度，並試圖迎合對方，這種現象被稱為「社會調節（Social Tuning）」。此外，辛克萊爾還指出，當我們特別渴望得到某人的喜愛時，便會產生這種現象。

「社會調節」的影響

當我們強烈地渴望被他人喜愛時，就會受到社會調節的影響，下意識地努力迎合對方。

例如，明明想吃清淡的食物，卻因為渴望受到喜愛，當別人說「味道濃郁的食物很好吃吧」的時候，你亦會不自覺地回應：「沒錯沒錯，我也這麼覺得！」

又或者你其實不想做某件事，但卻因為想讓別人喜歡自己而無法拒絕，例如，你可能不想幫忙撿公司周圍的垃圾，但當聽到別人說「做志工很有意義吧？」時，還是會輕易地附和：「對啊。」

然而，因為內心其實並不想做這些事，這種迎合別人的行為反而會讓你的內心更加疲憊。

那麼，該如何防止受到社會調節的影響呢？唯一的解決方法就是抑制自己渴望得到喜愛的心情。

你必須學會告訴自己：「被討厭就被討厭吧」，否則社會調節的機制就會自動啟動，為了避免這種情況，最重要的是不要過度害怕被討厭。

*

順帶一提，其實有一種人事評量法叫做「360度評估」。

這種評量法不僅需要上司評價部下，還包括同事之間的互評，甚至連部下也能評價上司，然而有許多企業在採用360度評估後卻以失敗告終。

原因在於，當上司知道自己會被部下評價時，便會開始刻意迎合部下，導致他們無法有效地進行指導與管理。

一旦過於在意他人的評價與喜愛，我們往往會變得無法坦率地表達自己的意見。

如果不想讓因為這些事情感到身心疲憊，或許就該學會釋懷，告訴自己他人的評價根本不重要。

質疑他人並無法解決問題，只會徒增疲憊

如果有人稱讚你，坦率地感到高興就好，千萬不要懷疑對方是否別有用心，因為一直懷疑別人會讓人感到疲憊，基本上我們都應該抱持著接受他人任何評價的心態。

而且相較於懷疑，我們的內心本來就更傾向於相信他人。在心理學上，這被稱為「真實偏誤」。

如果不相信他人，社會便無法運作，尤其是古時的人們必須透過共同勞動才能生存下去，所以我們只能選擇相信他人，也正因如此，人類在進化的過程中比起懷疑，更著重進化信任的能力。即使到了現代，我們仍然繼承了這種本能，並將其命名為「真實偏誤」。

巧妙地運用「真實偏誤」

夏威夷大學的提摩西·列文邀請了104對戀人進行一項實驗，並要求其中一方必須在12個問題中回答6個錯誤的答案，藉此測試對方是否能識破這些謊言。

結果他發現一件有趣的事情。

即使已經事先告知他們「這12個回答中，有一半是謊言」，仍有74%的受測者（約四分之三）認為對方說的是實話，這顯示我們天生傾向於相信對方所說的話是真實的。

大多數人都會坦率地相信他人，但也有一些人天生多疑，無論對方說什麼都抱持懷疑態度。

這類人通常很不善於處理人際關係。

例如，當戀人對他們說我喜歡你時，他們有時仍會不斷追問：「真的嗎？」、「你真的喜歡我嗎？」、「拿出絕對的證據」，甚至當對方傳訊息說臨時有工作時，他們也會每隔五分鐘就打電話去確認：「你真的不是在偷吃嗎？」任誰面對這樣的態度都會感到疲憊不堪，久而久之，感情可能也會因此逐漸變淡。

*

懷疑別人對自己沒有任何好處。

基本上無論對方說什麼，我們都應該欣然接受，這樣才能避免讓自己感到心累。

倘若無法信任他人，在社會生活中勢必會過得相當艱辛，因此就算有時會遭到欺騙，還是要努力保持對他人的信任。

自我肯定感偏低的人更能贏得他人的好感

最近經常能聽到「自我肯定感」這個詞。

自我肯定感是一個相對較新的用詞，但它與既有的自尊心或自我評價的意思幾乎相同，簡單來說，它就是在指你能多喜歡真實的自己。

一般來說，大家都認為擁有較高的自我評價是一件好事。但在經過深入研究後，證實了自我評價過高並不好。

應該保持適度的自我肯定

美國東北大學的蘭道爾．柯爾文以受試者的自我評價與朋友的評價作為參考進行研究，結果發現那些自我評價高於朋友對他們的評價的人，往往不擅長與人相處。

從他人的角度來看，自我評價過高的人大多是個讓人不舒服且惹人厭的存在，因此要小心容易遭到他人唾棄。

此外，根據柯爾文的研究，自我評價過高的人的心理適應能力通常較差，因此他們往往容易產生不滿，亦極有可能在衝動之下導致情緒爆發。

雖然能肯定並接納真實的自己很重要，但過度喜歡自己、高度肯定自我也未必是一件好事。

畢竟這類人容易變得以自我為中心，進而被周圍他人討厭，因此還是適當地保持謙虛比較好。

「我是個了不起的人！」

「這世上應該沒有多少人像我這麼出色。」

從心理學的角度來看，如果一個人總是抱持著這種心態，可能會帶來一些問題。擁有自我肯定感或較高的自我評價基本上是好事，但還是要懂得適可而止才行。

*

硬要說的話，比起擁有過高的自我評價，稍微低一點反而更容易受到他人的好評。

舉例來說，當你在公司的內部比賽中獲得表彰時，若能表現出謙遜的態度告訴大家：「不不不，這不是我的功勞，而是多虧了上司○○先生的支持，我其實沒做什麼！」在現實中勢必會相當受到喜愛。

而且有數據顯示，現代人普遍變得愈來愈自戀，因此我們必須在平日生活中多加磨練自己的謙遜與內斂，這樣才能擁有更加順利的人際關係，還請各位將這點銘記在心。

不與他人比較，生活會輕鬆許多

在這個世界上，無論是才華、實力、智商或外貌方面，比自己還優秀的人比比皆是，但為了保持內心的平靜，最關鍵的祕訣就是盡量不要與比自己更優秀的人做比較。

為什麼不要與比自己優秀的人比較呢？

理由很簡單，因為這樣會讓你的心情低落，甚至開始覺得自己毫無價值，進而感到活得很痛苦。因此，最好的做法就是假裝這些比自己優秀的人不存在，不要與他們作比較。

與「更優秀的人」比較，只會降低滿足感

舉例來說，假設某人的年收入達到一千萬圓，這對普通的上班族來說應該算是非常高的薪資了。但如果這個人發現自己大學時期的朋友們年收入全

都超過一億圓，那麼即便他擁有一千萬圓的年薪，勢必也會覺得自己毫無價值、度量狹小，甚至思考一些負面的事情。

只要不與他人比較，我們就能保持幸福感，因此千萬不要與那些比自己還優秀的人比較。

加拿大懷雅遜大學的史蒂芬・旺特將76位女大學生分成兩組，並讓其中一組觀看一部有許多身材纖細、極具魅力的女性登場的電視節目，這麼做是為了讓這些學生下意識地與電視上那些比自己更有魅力的女性做比較，而另一組則沒有觀看任何電視節目。

隨後，旺特向這兩組學生提出：「請用50分滿分來評估你對自己外表的滿意度。」最後得出的結果如左側圖表所示。

可以發現看過節目的那組學生對自身外貌的滿意度明顯下降許多。

不可與優於自己的人比較

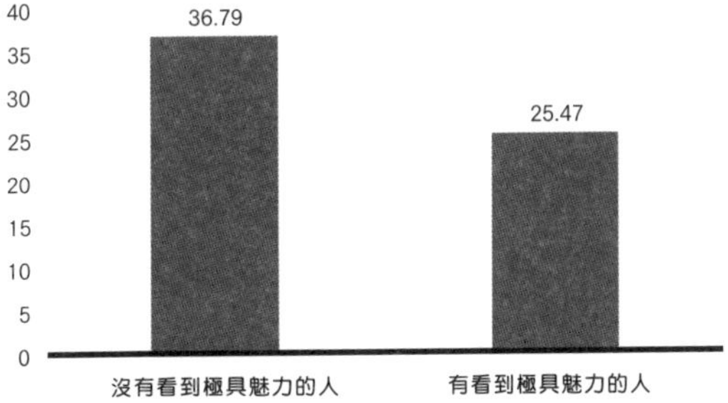

滿分50分（出處：Want, S. C., et al., 2009）

＊

如果總是拿自己與他人比較，難免會為各種事情憂慮不已，為了避免陷入這種狀況，應該從一開始就不要與他人比較。

如果發現自己又開始與別人比較了，請務必提醒自己：「太危險了，我不該這樣做！」

試著承認自己比以前成長了

雖然先前有提到不能與他人比較，但如果是與過去的自己比較，那就沒問題了。

加拿大滑鐵盧大學的安・威爾遜也有提出類似的建議，她認為與他人比較雖然不健康，但如果是與過去的自己相比，則完全沒有問題。

放心吧，你正在一步步成長

因為大多數情況下，現在的自己在學識、技能、經驗等方面應該都比過去的自己進步許多。

只要督促自己持續工作，不論如何都會有一定程度的成長，很少有人隨著時間的推移，能力反而逐漸倒退。無論是誰，都能從中獲取經驗並提升自己的技能。

讀書亦是如此，無論是多麼沒效率的學習方法，只要不斷學習，知識量還是會逐漸增加，幾乎不會發生愈努力學習，愈容易遺忘知識的狀況。

此外，威爾遜也在研究中指出，當我們與過去的自己相比時，通常更能感受到成長與進步，進而帶來幸福感。

與比自己優秀的人相比，往往會讓人感到挫敗，但與過去的自己相比，則能讓人更積極正向，所以如果真的要比較，請與過去的自己比較吧。

*

假設有個人為了增強體力，開始進行慢跑訓練。

一開始，他可能連跑2公里都會氣喘吁吁、直接癱倒在地，但只要堅持跑個三個月或半年，他或許就能輕鬆跑完10公里了。

這時他會發現自己的心肺功能增強了，同時也會在持續努力的過程中逐漸喜歡上這樣的自己。

所以，與過去的自己比較確實能帶來幸福感。

但如果他不是跟自己比較，而是跟從小就開始慢跑的運動員比較呢？他可能會想：「那個人輕鬆就能跑完20公里，我才跑區區2公里就累到不行，真是太沒用了。」如此一來，他可能會就此提不起幹勁。

因此要比較的話，還是與過去的自己比較就好。

最重要的是，比較時要選擇能讓自己感受到成長的地方。

像是「年輕時明明很瘦，現在卻有小腹」這種事情只會讓人情緒低落，所以千萬不能以這些部分進行比較。

倘若覺得某個人討厭自己，就不要靠近他

當我們討厭一個人時，對方的一舉一動都會顯得格外令人不悅。

舉例來說，就算大多數人都稱讚「○○總是笑容可掬，親切又很有魅力」，但在討厭他的人眼中，卻會覺得他「總是一副嘻皮笑臉的樣子，讓人非常不舒服」。

這種完全相反的評價其實相當常見。

有時在受歡迎的藝人或名人身上也會發生這種情況，例如某人雖然在好感度調查中名列前茅，但只要用網路搜尋，依然能看到黑粉寫的批評文章。

無論對討厭你的人說什麼都沒用

美國卡內基美隆大學的安東尼．普拉特卡尼斯曾詢問過那些對美國前總統隆納．雷根抱有好感的人：「你認為雷根在大學時期的平均成績大概是多少？」結果他們的回答普遍是「平均A」，然而當他問那些討厭雷根的人同一個問題時，他們的回答卻是「平均C」（順帶一提，雷根在大學時期的成績確實是平均C）。

這代表當我們討厭某個人時，就會認為對方的一切都是負面的。

因此，不管對討厭你的人說什麼都沒有用。

無論你多麼努力溝通，他們都不會理性、客觀地對待你，因為他們從一開始就討厭你，所以說什麼都是沒用的。

既然如此，對於那些討厭你的人，最好的方式就是盡量不與他們接觸，就算是因為工作關係不得不與他們相處，也盡量不要主動搭話，或只進行公事上的交流即可，最重要的是絕對不要試圖親近他們。

＊

「四海皆兄弟」這種想法聽起來很理想，但現實中你不可能和每個人都相處融洽。

因此，最好的做法就是只和那些對你友善的人交流，並盡可能地與那些對自己表現出生理性厭惡感的人保持距離。

如果有人總是反對你的所有意見，那麼你應該要意識到：「原來如此，看來這個人不喜歡我。」並放棄與他進行更多交流。

因為無論你提出多麼好的意見，他們都絕對不會接受的。

即便是難得的緣分，該切斷時依舊要當機立斷

一旦與某人成為深交，往往會覺得難以與對方斷絕關係，這是因為你會心想：「好不容易才和他成為了朋友。」而感到相當惋惜。

但請仔細想想，這段關係對自己真的有益嗎？透過與對方交流，你真的有所收穫嗎？

即便是難得的緣分，如果這段關係帶來的痛苦大於快樂，那麼還是結束比較好。

舉例來說，當你好不容易才得到一位客戶的指名時，就算對方總是提出過分的要求，大部分的人還是會選擇維持這段關係，所以一旦建立了聯繫，通常就難以再斬斷關係。

「沉沒成本效應」往往讓人捨不得失去

這種心理現象被稱為「沉沒成本效應」，所謂的沉沒成本就是「Sunk

cost」，意指當我們即將失去那些透過投入成本（金錢或勞力）得到的事物時，往往會感到有些捨不得。

有時我們明知道這段關係已經對自己毫無益處，卻因為自己曾付出過一定的時間或努力去得到它而捨不得放棄，就是因為這個原因。由此可知，沉沒成本效應往往會讓人無法做出理性的判斷。

俄亥俄大學的哈爾·阿克斯曾要求受試者想像以下情境，並做出選擇。

「你花了100美元購買一張前往密西根州的滑雪旅行的票券，接著又以50美元買了一張前往威斯康辛州的滑雪旅行的票券。然而，這兩趟旅行的時間不巧發生衝突，因此你只能去其中一個地方玩。此外，以滑雪場來說，威斯康辛州的雪質更好，整體體驗也更吸引人。」

只要冷靜想想，大家應該都知道要選擇威斯康辛州的滑雪之旅。

因為那邊無疑能為你帶來更加愉快的滑雪體驗，甚至可以說是一個明顯到無須猶豫的選擇。

然而，在阿克斯的實驗中，竟有將近半數的人選擇了密西根州的滑雪之旅，原因是他們在這趟旅程花了比較多的錢。可見這種討厭失去金錢的心情，確實會使人們無法做出理性的判斷。

*

不過，請各位仔細想一想，如果你與某個人的關係今後仍然會為你帶來痛苦，那麼你就不該繼續維持這段關係。

有時就應該保持冷靜，快刀斬斷那些對自己沒有好處的關係，千萬要小心別讓你的判斷被情感左右了。

尋找屬於自己的「能量食物」

當你突然非常消極而前往精神科就診時，醫生可能會開立抗憂鬱藥，然而實際上，抗憂鬱藥的效果中有50％到75％被認為是安慰劑效應。

所謂的安慰劑效應，只不過是一種心理暗示的效果。

正因為你相信「這是醫生開的處方箋，所以肯定很有效」而服用了藥物，才讓抑鬱症的症狀得到改善，其實藥物本身並沒有那麼強的療效。

安慰劑效應的力量

加州立大學神經精神研究所的安德魯．魯赫特曾找來51位經診斷為重度憂鬱症的受試者參加一個為期九週的雙盲實驗（即患者和醫生都無法知道誰服用了真藥，誰服用了安慰劑）。

結果發現即便是偽藥，也能產生與抗憂鬱藥類似的治療效果，而且腦部功能方面亦觀察到與服用抗憂鬱劑時相同的腦部區域（前額葉皮質等）之變化。由此可知，就算是假藥，只要相信它有效就能在腦部產生作用，進而緩解症狀。

關鍵在於，我們本身有多相信「這個東西有效」。

即便是鯖魚頭或黑醋也可以，請試著準備一些自己會相信它能帶來功效的東西，因為當你感到情緒低落或惶惶不安時，食用這些東西可以瞬間驅散憂鬱的情緒。

*

所以大家也一起來準備能讓自己提振精神的食物吧，這些食物通常被稱為「能量食物」。

先找出有哪些食物能讓你在吃下去後瞬間充滿活力，並在發生某些事情導致情緒低落時吃下它，這樣就能透過安慰劑效應讓你確實恢復精神。

無論是牛排、鰻魚，還是草莓蛋糕都沒問題，只要你相信吃下這些東西能讓你變得更有活力就可以了。

就像專業運動員在重要比賽的前一天或比賽當天早上吃的食物，往往是固定好的。

這種方法任何人都可以效仿，只要你能巧妙地給自己施加心理暗示，就沒有什麼事情能讓你害怕了。

讓自己更開心的方法

人類在戀愛時，會覺得萬事都顯得美好如夢，完全不會去想負面的事情，從這個角度來看，讓自己不被瑣事煩惱的祕訣就是「愛上某個人」。

俄亥俄州立大學的特里．佩蒂喬恩二世曾詢問過受訪者：「你在什麼時候會感到最開心？」結果，「墜入愛河」贏得了第一名。

而「中樂透」排名第二，「獲得成功與名聲」則排名第三，但中樂透的機率微乎其微，成功與名聲也極為難得，相較之下「墜入愛河」卻是任何人都有可能做到的，換句話說，最能讓自己快速感到幸福的方法就是談戀愛。

但如果你已經結婚，想展開新的戀情就沒那麼容易了，畢竟一旦出軌，你的家庭就會破裂。

創造自己的「推」

這時可以參考那些熱愛韓國偶像或冰川清志的年長女性粉絲，雖然她們並無法實際與偶像交往，但依然沉浸在戀愛的感覺中，看起來十分幸福且充滿活力，著實令人羨慕不已，因此我們也應該效仿這種方式。

舉例來說，人們會稱呼自己在偶像團體中最喜歡、最支持的成員為「推」，那我們何不也試著為自己找到一個推呢？從心理學的角度來看，這其實是個相當不錯的想法。

時刻抱持著戀愛般的心情，能讓我們保持精神上的年輕，甚至能夠活化免疫系統，使肌膚變得光滑細緻。或許你會覺得這是無稽之談，但事實上確實有這種案例。

俗話說「英雄好色」，無論年齡多大，對愛情抱持熱忱的人往往更有活力，甚至能過上不受煩惱和壓力所困的愉快生活。

*

你就當作被騙一次，試著創造一個自己的推吧，當你喜歡上一個人，每天都會覺得很愉悅，心理狀態也會更加穩定。

即便無法實際與對方交往，沉浸在戀愛的感覺之中仍然是一件非常美好的事情。

搬到鄉下生活
也是一種選擇

如果各位都住在都市，那麼搬到鄉下也不失為一種選擇。

因為一般來說，都市裡的人通常較為冷漠，相比之下，鄉下的人則大多心地善良且溫暖。

西佛羅里達大學的斯蒂芬・布里奇斯就曾經準備了420封貼有郵票的信封，而信封上的地址和收件人都是自己的研究室，接著他將這些信封隨機遺落在城鎮的各個地方，觀察有多少人會好心地將撿到的信封投入郵筒。

起初他先在都市裡散落信封，結果只有39・3％的信件被送回。

然而，在鄉下的小鎮裡，送回的比例竟然高達92・9％，兩者的差距可說是懸殊至極。

這是因為鄉下的人較為純樸善良，看到有人遺失信件時會心想：「這個人現在肯定很煩惱吧。」於是便懷著一顆善心幫忙寄回信件。

鄉下真的比較多善良的人嗎？

喬治亞南方大學的蕭納．威爾遜也進行過類似的實驗。

她讓一位21歲的女性助理在鄉下與都市的街道上，刻意在行人面前不小心掉落信封，觀察路人是否會親切地幫忙撿起並還給當事人。

結果發現，鄉下有80％的人會幫忙撿起信封，但都市卻只有60％；此外，他們還測量了路人撿起信封的平均時間，結果鄉下的人在3.7秒就會幫忙撿起，都市則需要花5.3秒。由此可知，都市裡的人就算要幫助他人，似乎也會稍微考慮一下才付諸行動。

都市裡的生活不僅交通發達，商業繁榮，生活機能亦十分完善，但是「人際關係冷漠」、「沒有同理心的人較多」、「遇到困難時不會伸出援手」也是都市常見的問題。

相比之下，在鄉下地區，即使只是路過的陌生人也會主動向你打招呼，人情味十足，而這種溫暖的氛圍可以讓人感到幸福。

＊

「同事們都好冷漠。」

「每次我遇到困難，身邊的人都會裝作沒看到。」

相信也有很多人會對此感到不滿，但這可能是因為你在都市的職場裡工作。在都市裡，也許是因為人口過多的關係，人們往往不太會特別關心別人，或者表現出體貼與關懷的態度。

而鄉下擁有豐富的自然資源，光是望著綠油油的樹木，就能讓人們的心靈得到療癒。因此，就這方面來說，搬去鄉下也是個不錯的選擇，相信這個世界上仍然有許多樂於迎接新居民的溫暖鄉鎮。

玻璃心也能透過自我暗示變得更堅強

如果你正在煩惱自己的內心像豆腐一樣脆弱，那麼找到一個心理素質強大的榜樣，並暗示自己「我是〇〇」或許是一個不錯的辦法。

這個榜樣可以是運動員，也可以是格鬥選手。

只要選一個能讓你覺得：「這個人總是穩如泰山，彷彿有著鋼鐵般的意志。」並發自內心感到敬佩的人就好。

接著不斷告訴自己「我是〇〇」，並持續給予自己心理暗示，如此一來，你的內心就能變得像他們一樣強大。

有些人可能會覺得：「不過就是心理暗示而已……」雖然這確實只是心理暗示，卻也不容小覷。

只要運用得當，真的能讓你變得像你的榜樣一樣堅強。

雖然只是心理暗示，力量卻不容小覷

莫斯科大學的弗拉基米爾．萊科夫曾讓受試者對自己進行心理暗示，例如：「我是俄國的作曲家拉赫曼尼諾夫」或「我是維也納的天才小提琴家克萊斯勒」，接著讓他們演奏樂器，並請專業的演奏家進行評分，結果發現他們的演奏技巧明顯提升了。

此外，萊科夫還讓受試者暗示自己是法國數學家亨利．龐加萊，或俄國數學家安德雷．科摩哥洛夫，並且請他們解數學題，結果受試者的得分確實提高了。

接著萊科夫又讓受試者暗示自己是美國棋王保羅．莫菲，並進行西洋棋對弈，最終發現受試者的棋力亦有所提升。

看到這裡，你是否也覺得心理暗示蘊藏著不可輕視的強大力量呢？

*

心理暗示的訣竅在於不要懷疑。

如果你總是心想：「反正肯定沒用，我不可能會變強的。」那麼心理暗示就無法發揮效果。萊科夫也透過研究證明，對暗示抱持懷疑態度的人，其效果會大打折扣。

既然要嘗試心理暗示，那就相信他絕對有效吧。只要愈相信，效果就愈強，千萬不能覺得這種事情根本毫無意義。

倘若能善用心理暗示，擁有「鋼鐵般的內心」將不再只是夢想。

專欄6

他人的草地並沒有你想像中那麼綠

我們往往只看得到別人好的一面，而忽略了他們的缺點。說不定我們其實比別人更幸福，只是因為我們下意識地認為別人一定過得比自己幸福，才會感到鬱鬱寡歡，並為此煩惱不已。

德州大學的大衛．修凱特曾進行過一項有趣的研究。

他先是訪問中西部的居民：「你認為自己有多幸福？」，接著又詢問他們：「你認為加州的居民有多幸福？」後來，他也問了加州的居民相同的問題。

結果修凱特發現，中西部的居民普遍認為加州的居民一定比自己還幸福，因為加州的氣候溫暖，生活環境十分舒適。

然而，加州居民的幸福感其實與中西部的居民差不多，並沒有中西部的居民想像中那麼幸福。

因為在當地居民眼裡，雖然加州確實擁有溫暖的氣候和舒適的生活環境等「優點」，但他們也清楚地知道加州有著交通擁堵嚴重、犯罪率較高等「缺點」，因此不會單純根據氣候來衡量幸福。

就像許多人會羨慕那些在推特等社群媒體上擁有眾多追隨者的人，但他們知道自己只要稍微說錯一句話就會遭到大家批評，因此總是小心翼翼地經營自己的形象。從這方面看來，擁有眾多追隨者或許也不全然是一件快樂的事，只是我剛好我沒有認識任何網紅，因此暫時無法驗證這一點。

如果你總是嫉妒或羨慕他人，請不要只看那個人的優點，也順便看看他們的缺點吧。

例如：「我總是很羨慕○○備受大家的依賴，但仔細想想，他有時候也被迫做一些超出自身工作範圍的事情，這樣看來好像也沒那麼值得羨慕。」只要你能意識到這些事情，就不會再嫉妒他人了。

此外，你還會發現不怎麼被大家依賴的自己，反而不會被分配到額外的工作，只要這樣想，你就會知道自己是多麼的幸運，煩惱也會瞬間消失，或許還會變得愈來愈幸福喔。

結語

人類被稱為「社會性動物」，因為我們與蜜蜂等生物相似，都會透過集體合作來維持生活，所以就算覺得人際關係很麻煩，也沒有人能脫離社會獨自生存。

無論科技如何發展，人際關係依然是社會的核心，因此不論我們再怎麼抗拒，終將要面對這件事。或許有人會為此感到無奈與悲傷，但這就像人類的宿命，是無可改變的現實。

話雖如此，但這並不代表我們無法逃離人際關係所帶來的痛苦，除了可以減輕這些煩惱之外，我們甚至能澈底消除它們。而本書的目的，正是要為大家詳細介紹這些方法。

「原來如此，這個方法或許對我有幫助。」
「這樣做的話，心情好像能輕鬆許多。」
「什麼嘛，原來還有這種思考方式啊。」

倘若能讓讀者們產生這樣的想法，對作者而言將是莫大的喜悅，於是我懷抱著希望能幫助大家減輕心靈負擔的心情，撰寫了本書。

俗話說：「苦難時刻可求神」，當你感到痛苦時，向神明祈禱亦是個不錯的選擇，但偶爾也可以試著依靠心理學。

心理學與其他學科不同，它與我們的日常生活密切相關，而且從中獲得的知識可以輕易地實踐在自己身上，這正是心理學獨有的優勢。心理學包含多個領域，例如：健康心理學、醫療心理學，以及所謂的正向心理學，這些書籍都非常適合各位閱讀。

此外，在撰寫本書的過程中，明日香出版社編輯部的田中裕也先生給了我許多協助，特此向他表達誠摯的感謝。

一本書的誕生並非僅憑作家一人之力，而是透過眾多人的努力與合作所促成的。

我認為無論是哪種工作都是如此，人類必須攜手合作才能完成偉大的成就，這也再次突顯了人際關係的重要性。

最後，由衷地感謝各位讀者閱讀到最後一頁，真的非常謝謝你們。

希望未來能在某處再次與大家相見，在此擱筆。

內藤誼人

- Taylor, A., Wright, H. R., & Lack, L. 2008 Sleeping-in on the weekend delays circadian phase and increases sleepiness the following week. Sleep and Biological Rhythms, 6, 172-179.

- Vorauer, J. D. & Claude, S. D. 1998 Perceived versus actual transparency of goals in negotiation. Personality and Social Psychology Bulletin ,24, 371-385.

- Want, S. C., Vickers, K., & Amos, J. 2009 The influence of television programs on appearance satisfaction: Making and mitigating social comparisons to "Friends". Sex Roles ,60, 642-655.

- Wilson, A. E. & Ross, M. 2000 The frequency of temporal-self and social comparisons in people's personal appraisals. Journal of Personality and Social Psychology ,78, 928-942.

- Wilson, S. B., & Kennedy, J. H. 2006 Helping behavior in a rural and an urban setting: Professional and casual attire. Psychological Reports ,98, 229-233.

- Worthy, D. A., Markman, A. B., & Maddox, W. T. 2009 Choking and excelling at the free throw line. International Journal of Creativity & Problem Solving ,19, 53-58.

hierarchy of needs. Psychological Reports ,79, 759-762.

- Phattheicher, S., & Keller, J. 2015 The watching eyes phenomenon: The role of a sense of being seen and public self-awareness. European Journal of Social Psychology ,45, 560-566.

- Philippen, P. B., Bakker, F. C., Oudejans, R. R. D., & Canal-Bruland, R. 2012 The effects of smiling and frowning on perceived affect and exertion while physically active. Journal of Sport Behavior ,35, 337-53.

- Pingitore, R., Dugoni, B. L., Tindale, R. S., & Spring, B. 1994 Bias against overweight job applicants in a simulated employment interview. Journal of Applied Psychology ,79, 909-917.

- Pratkanis, A. R. 1988 The attitude heuristic and selective fact identification. British Journal of Social Psychology ,27, 257-263.

- Raikov, V. L. 1976 The possibility of creativity in the active stage of hypnosis. International Journal of Clinical and Experimental Hypnosis ,24, 258-268.

- Rand, D. G., Greene, J. D., & Nowak, M. A. 2012 Spontaneous giving and calculated greed. Nature ,489, 427-430.

- Sandstrom, G. M. & Dunn, E. W. 2014 Social interactions and well-being: The surprising power of weak ties. Personality and Social Psychology Bulletin ,40, 910-922.

- Savitsky, K. & Gilovich, T. 2003 The illusion of transparency and the alleviation of speech anxiety. Journal of Experimental Social Psychology ,39, 618-625.

- Schkade, D. A., & Kahneman, D. 1998 Does living in California make people happy? A focusing illusion in judgments of life satisfaction. Psychological Science ,9, 340-346.

- Schroeder, H. E., Rakos, R. F., & Moe, J. 1983 The social perception of assertive behavior as a function of response class and gender. Behavior Therapy ,14, 534-544.

- Sinclair, S., Lowery, B. S., Hardin, C. D., & Colangelo, A. 2005 Social tuning of automatic racial attitudes: The role of affiliative motivation. Journal of Personality and Social Psychology ,89, 583-592.

- Slomka, J. 1992 Playing with propranolol. The Hastings Center Repo, 22, 13-17.

- Sunstein, C. R., Bobadilla-Suarez, S., Lazzaro, S. C., & Sharot, T. 2016 How people update beliefs about climate change: Good news and bad news. Cornell Law Review ,102, 1431-1443.

- Stuhlmacher, A. F. & Citera, M. 2005 Hostile behavior and profit in virtual negotiation: A meta-analysis. Journal of Business and Psychology ,20, 69-93.

- Magali, C., Patty, V. C., Marianne, B., & Adam, B. C. 2016 Good day for leos: Hororscope's influence on perception, cognitive performances, and creativity. Personality and Individual Differences ,101, 348-355.

- Marsh, A. A. & Ambady, N. 2007 The influence of the fear facial expression on prosocial responding. Cognition and Emotion ,21, 225-247.

- McCann, S. J. H. 2014 Happy twitter tweets are more likely in American States with lower levels of resident neuroticism. Psychological Reports ,114, 891-895.

- McMillen, C., Zuravin, S., & Rideout, G. 1995 Perceived benefit from child sexual abuse. Journal of Consulting and Clinical Psychology ,63, 1037-1043.

- Medvec, V. H., Madey, S. F., & Gilovich, T. 1995 When less is more: Counterfactual thinking and satisfaction among Olympic medalists. Journal of Personality and Social Psychology ,69, 603-610.

- Mehl, T., Jordan, B., & Zierz, S. 2016 "Patients with amyotrophic lateral sclerosis(ALS) are usually nice persons" How physicians experienced in ALS see the personality characteristics of their patients. Brain and Behavior ,6, doi:10.1002/brb3.599

- Miles, L. K. 2009 Who is approachable? Journal of Experimental Social Psychology ,45, 262-266.

- Mueller, J. S., Goncalo, J. A., & Kamdar, D. 2011 Recognizing creative leadership: Can creative idea expression negatively relate to perceptions of leadership potential? Journal of Experimental Social Psychology ,47, 494-498.

- Nelissen, R. M. A. & Zeelenberg, M. 2009 When guilt evokes self-punishment: Evidence for the existence of a Dobby Effect. Emotion ,9, 118-122.

- Nickerson, C., Schwarz, N., Diener, E., & Kahneman, D. 2003 Zeroing in on the dark side of American dream: A closer look at the negative consequences of the goal for financial success. Psychological Science ,14, 531-536.

- Nota, J. A. & Coles, M. E. 2015 Duration and timing of sleep are associated with repetitive negative thinking. Cognitive Therapy and Research ,39, 253-261.

- O'Connor, D. B., Jones, F., Ferguson, E., Conner, M., & McMillan, B. 2008 Effects of daily hassles and eating style on eating behavior. Health Psychology ,27, s20-s31.

- Pettijohn, T. F. II., & Pettijohn, T. F. 1996 Perceived happiness of college students measured by Maslow's

Harris, M. B., Benson, S. M., & Hall, C. L. 1975 The effects of confession on altruism. Journal of Social Psychology ,96, 187-192.

Howell, J. L., Koudenburg, N., Loschelder, D. D., Weston, D., Fransen, K., De Dominicis, S., Gallagher, S., & Haslam, S. A. 2014 Happy but unhealthy: The relationship between social ties and health in an emerging network. European Journal of Social Psychology ,44, 612-621.

Hung, I. W., & Labroo, A. A. 2011 From firm muscles to firm willpower: Understanding the role of embodied cognition in self-regulation. Journal of Consumer Research ,37, 1046-1064.

Kahan, D. M., Peters, E., Dawson, E. C., & Slovic, P. 2017 Motivated numeracy and enlightened self-government. Behavioral Public Policy ,1, 54-86.

Kalanthroff, E., Aslan, C., & Dar, R. 2017 Washing away your sins will set your mind free: Physical cleansing modulates the effect of threatened morality on executive control. Cognition and Emotion ,31, 185-192.

Kang, S. K., DeCelles, K. A., Tilcsik, A., & Jun, S. 2016 Whitened resumes: Race and self-presentation in the labor market. Administrative Science Quarterly ,61,469-502.

Kappas, A., Hess, U., Barr, C. L., & Kleck, R. E. 1994 Angle of regard: The effect of vertical viewing angle on the perception of facial expressions. Journal of Nonverbal Behavior ,18, 263-283.

Keltner, D., Young, R. C., & Buswell, B. N. 1997 Appeasement in human emotion, social practice, and personality. Aggressive Behavior ,23, 359-374.

Konrath, S., O'Brien, E. H., & Hsing, C. 2011 Changes in dispositional empathy in American college students over time: A meta-analysis. Personality and Social Psychology Review ,15, 180-198.

Kramer, A. D. I., Guillory, J. E., & Hancock, J. T. 2014 Experimental evidence of massive-scale emotional contagion through social networks. Proceedings of the National Academy of Sciences ,111, 8788-8790.

Kunda, Z., Sinclair, L., & Griffin, D. 1997 Equal ratings but separate meanings: Stereotypes and the construal of traits. Journal of Personality and Social Psychology ,72, 720-734.

Leuchter, A. F., Cook, I. A., Witte, E. A., Morgan, M., & Abrams, M. 2002 Changes in brain function of depression subjects during treatment with placebo. American Journal of Psychiatry, 159, 122-129.

Levine, T. R., Park, H. S., & McCornack, S. A. 1999 Accuracy in detecting truths and lies: Documenting the "Veracity Effect" . Communication Monographs ,66, 125-144.

Journal of Transplantation ,13, 2059-2065.

- Colvin, C. R., Block, J., & Funder, D. C. 1995 Overly positive self-evaluations and personality: Negative implications for mental health. Journal of Personality and Social Psychology ,68, 1152-1162.

- Craig, C., Overbeek, R. W., Condon, M. V., & Rinaldo, S. B. 2016 A relationship between temperature and aggression in NFL football penalties. Journal of Sport and Health Science ,5, 205-210.

- Cunningham, M. R. 1997 Social allergens and the reactions that they produce: Escalation of annoyance and disgust in love and work. In Aversive Interpersonal Behaviors , edited by R. M. Kowalski. New York: Plenum Press.

- Day, M. V. & Bobocel, D. R. 2013 The weight of a guilty conscience: Subjective body weight as an embodiment of guilt. Plos One,8, e69546.

- Edelman, R. E., & Chambless, D. L. 1995 Adherence during sessions and homework in cognitive-behavioral group treatment of social phobia. Behavior Research and Therapy ,33, 573-577.

- Epley, N. & Schroeder, J. 2014 Mistakenly seeking solitude. Journal of Experimental Psychology: General, 143, 1980-1999.

- Foxman, J., & Radtke, R. C. 1970 Negative expectancy and the choice of an aversive task. Journal of Personality and Social Psychology ,15, 255-257.

- Frank, R. H., Gilovich, T., & Regan, D. T. 1993 Does studying economics inhibit cooperation. Journal of Economic Perspectives, 7, 159-171.

- Garrison, K. E., Tang, D., & Schmeichel, B. J. 2016 Embodying power: A preregistered replication and extension of the power pose effect. Social Psychological and Personality Science ,7, 623-630.

- Gilovich, T., Medvec, V. H., & Savitsky, K. 2000 The spotlight effect in social judgment: An egocentric bias in estimates of the salience of one's own actions and appearance. Journal of Personality and Social Psychology ,78, 211-222.

- Glabska, D., Guzek, D., Groele, B., & Gutkowska, K. 2020 Fruit and vegetable intake and mental health in adults: A systematic review. Nutrients 12, 115;doi:10.3390.

- Greitemeyer, T. 2009 Effects of songs with prosocial lyrics on prosocial behavior: Further evidence and a mediating mechanism. Personality and Social Psychology Bulletin ,35, 1500-1511.

- Gross, J. J. & John, O. P. 2003 Individual differences in two emotion regulation processes: Implications for affect, relationships, and well-being. Journal of Personality and Social Psychology ,85, 348-362.

參考文獻

- Aknin, L. B., Hamlin, J. K., & Dunn, E. W. 2012 Giving leads to happiness in young children. Plos One ,7, e39211.
- Alden, L., & Cappe, R. 1981 Nonassertiveness: Skill deficit or selective self-evaluation? Behavior Therapy ,12, 107-114.
- Arkes, H. R. & Ayton, P. 1999 The sunk cost and concorde effects: Are humans less rational than lower animals? Psychological Bulletin ,125, 591-600.
- Aucouturier, J. J., Johansson, P., Hall, L., Segnini, R., Mercadie, L., & Watanabe, K. 2016 Covert digital manipulation of vocal emotion alter speakers' emotional states in a congruent direction. Proceedings of the National Academy of Sciences,114, 948-953.
- Baird, B., Smallwood, J., Fishman, D. J. F., Mrazek, M. D., & Schooler, J. W. 2013 Unnoticed intrusions: Dissociations of meta-consciousness in thought suppression. Consciousness and Cognition ,22, 1003-1012.
- Baumeister, R. F., Bratslavsky, E., Finkenauer, C., & Vohs, K. D. 2001 Bad is stronger than good. Review of General Psychology ,5, 323-370.
- Beer, J. S., Chester, D. S., & Hughes, B. L. 2013 Social threat and cognitive load magnify self-enhancement and attenuate self-deprecation. Journal of Experimental Social Psychology ,49, 706-711.
- Bridges, F. S. & Coady, N. P. 1996 Affiliation, urban size, urgency, and cost of responses to lost letters. Psychological Reports ,79, 775-780.
- Brooks, A. W. 2014 Get excited: Reappraising pre-performance anxiety as excitement. Journal of Experimental Psychology: General ,143, 1144-1158.
- Bullens, L., van Harreveld, F., Forster, J., & van der Pligt, J. 2013 Reversible decisions: The grass isn't greener on the other side: It's also very brown over here. Journal of Experimental Social Psychology ,49, 1093-1099.
- Bushman, B. J., DeWall, C. N., Pond, R. S. Jr., & Hanus, M. D. 2014 Low glucose relates to greater aggression in married couples. Proceedings of the National Academy of Sciences,111, 6254-6257.
- Bushman, B. J., Ridge, R. D., Das, E., Key, C. W., & Busath, G. M. 2007 When god sanctions killing. Psychological Science ,18, 204-207.
- Cameron, A. M., Massie, A. B., Alexander, C. E., Stewart, B., Montgomery, R. A., Benavides, N. R., Fleming, G. D., & Segev, D. L. 2013 Social media and organ donor registration: The Facebook effect. American

KINISHINAI SHUKAN YOKEINA KIDUKARE GA KIETEIKU 61 NO HINTO

照顧好自己就好
61個解放心靈的技巧

出　　版／楓葉社文化事業有限公司
地　　址／新北市板橋區信義路163巷3號10樓
郵政劃撥／19907596 楓書坊文化出版社
網　　址／www.maplebook.com.tw
電　　話／02-2957-6096
傳　　真／02-2957-6435
作　　者／內藤誼人
翻　　譯／曾薏珊
責任編輯／陳亭安
內文排版／楊亞容
港澳經銷／泛華發行代理有限公司
定　　價／360元
出版日期／2025年6月

國家圖書館出版品預行編目資料

照顧好自己就好：61個解放心靈的技巧／內藤誼人作；曾薏珊譯. -- 初版. -- 新北市：楓葉社文化事業有限公司, 2025.06　面；公分

ISBN 978-986-370-799-8（平裝）

1. 自我實現 2. 生活指導 3. 人際關係

177.2　114005600